Hanno Hagemann

Naturwissenschaft und Glaube

Themenheft für den evangelischen Religionsunterricht in der Oberstufe

Vandenhoeck & Ruprecht

Bibliografische Information der Deutschen Nationalbibliothek

Die Deutsche Nationalbibliothek verzeichnet diese Publikation in der Deutschen Nationalbibliografie; detaillierte bibliografische Daten sind im Internet über http://dnb.d-nb.de abrufbar.

ISBN 978-3-525-77663-6
ISBN 978-3-647-77663-7 (E-Book)

Umschlagabbildung: Himmelsscheibe von Nebra in der Planetariumsshow *Die Macht der Sterne*
© Planetarium HH / J. Lipták, LDA Sachsen Anhalt

Satz: SchwabScantechnik, Göttingen
Druck und Bindung: ⊕ Hubert & Co., Göttingen

Gedruckt auf alterungsbeständigem Papier.

Inhalt

Einstieg ... 4

Baustein 1: Das naturwissenschaftliche Weltbild ... 6
M 1 Richard Estes: 14th Street Subway Station ... 7
M 2 Marcus Borg: Die Moderne ... 8
M 3 Der Wiener Kreis: Die wissenschaftliche Weltauffassung ... 9
M 4 Stephen Hawking: Das Wesen wissenschaftlicher Theorien ... 11
M 5 Gerhard Vollmer: Die Axiome der Naturwissenschaft ... 12
M 6 Das Fischernetzgleichnis ... 13

Baustein 2: Glaube ... 14
M 1 Marcus Borg: Das religiöse Weltbild ... 15
M 2 Nelly Furtado: Força ... 16
M 3 Paul Tillich: Was der Glaube ist ... 17
M 4 Paul Tillich: Wahre und falsche Unbedingtheit ... 18
M 5 Paul Gerhardt: Die güldne Sonne ... 18
M 6 Martin Luther: Glaube und die Gnade Gottes ... 19
M 7 Marcus Borg: Glaube – der Weg des Herzens ... 20

Baustein 3: Naturwissenschaft und Theologie ... 22
M 1 Paul Davies/John Gribbin: Der Materialismus ist tot ... 23
M 2 Christian Link: Offene Systeme und Gott ... 24
M 3 Dietrich Bonhoeffer: Gott als »Lückenbüßer« ... 25
M 4 Johannes Fischer: Gottes Schöpfung naturwissenschaftlich formulieren? ... 26
M 5 Marc Chagall: Moses und der brennende Dornbusch ... 27
M 6 Exodus 3 und Exodus 20 ... 28
M 7 Karl Barth: Gott als der »ganz andere« ... 29
M 8 Karen Armstrong: Plädoyer für Gott ... 30
M 9 Wolfgang Huber: Wissenschaft und Gottesglaube ... 32
M 10 Andrew Newberg u. a.: Gott und die Hirnforschung ... 33

Baustein 4: Weltentstehung und Schöpfung ... 34
M 1 Stephen Hawking: Weltentstehung ohne Gott? ... 35
M 2 Der Grand Canyon ... 36
M 3 Richard Dawkins: Warum es mit ziemlicher Sicherheit keinen Gott gibt ... 36
M 4 Genesis 1,1–2,4a: Die Schöpfung ... 38
M 5 Michelangelo: Die Erschaffung Adams ... 39
M 6 Hans Küng: Schöpfungsglaube im Zeitalter der Kosmologie ... 40
M 7 Biblische Schöpfungsaussagen ... 41
M 8 Gerd Theißen: Evolution und Religion ... 42
M 9 Ṛg Veda X,129: Weltentstehung im Hinduismus ... 44
M 10 Die Evangelische Kirche in Deutschland (EKD): Die Irrwege des Kreationismus ... 45

Einstieg

Um das Jahr 1799 arbeitete der französische Mathematiker Pierre Laplace an einer Darstellung des Kosmos auf Basis der Erkenntnisse Newtons. Als er seine Arbeiten Napoleon vorstellte, soll er auf dessen Frage, warum Gott in seinem Werk nicht vorkomme, gesagt haben: »Diese Hypothese hatte ich nicht nötig«. Laplace war der Meinung, das Universum entwickle sich aufgrund klarer physikalischer Gesetze vollkommen deterministisch.

Viele Menschen sehen in den Erkenntnissen der Naturwissenschaften auch heute eine Anfrage an die Glaubwürdigkeit religiöser Perspektiven auf die Welt. Hieraus ergeben sich neue Herausforderungen für den Glauben: Wie können Glaube und Religion in einer vom naturwissenschaftlichen Denken geprägten Gesellschaft noch eine Bedeutung haben? Können religiöse und naturwissenschaftliche Weltbilder nebeneinander bestehen? Können wir heute noch sinnvoll von der Welt als Schöpfung reden?

Wie dieses Heft aufgebaut ist

Das vorliegende Arbeitsheft deckt in vier Bausteinen diese und andere Perspektiven der Auseinandersetzung zwischen Naturwissenschaft und Glaube ab. Dabei kommen neben theologischen Stimmen auch naturwissenschaftliche, philosophische und künstlerische Ansätze zur Sprache. In den Bausteinen 2 bis 4 werden außerdem biblische Perspektiven zum Thema aufgenommen.

Jeder Baustein beginnt mit einer kurzen Einleitung. Das Arbeitsheft bietet in der Reihenfolge der Materialien eine Orientierung für die Gestaltung einer Unterrichtsreihe. Dennoch kann auch nahezu jedes Element der Materialsammlung einzeln verwendet werden. Der Band schließt mit einer Übung zur Kompetenzsicherung.

Allgemeiner Schwerpunkt: Dialogfähigkeit

Die Frage nach »Naturwissenschaft und Glaube« wird im Rahmen dieses Themenheftes grundsätzlich unter dem Gesichtspunkt der Dialogfähigkeit thematisiert. Ziel ist es, in der Lage zu sein, sich schließlich mit einer weit verbreiteten Perspektive auf die Welt, nämlich der naturwissenschaftlichen, faktenorientierten Perspektive, »in einem dialogischen Diskurs konstruktiv zu verständigen und auseinander zu setzen« (Kernlehrplan NRW, S. 13 f., Literaturangabe s. u., im Folgenden: KLP).

Dabei geht es zunächst darum, beide Perspektiven auf die Welt, die naturwissenschaftliche und die des Glaubens, in ihren relevanten Aussagen wahrzunehmen und zu reflektieren (Bausteine 1 und 2). Auf dieser Grundlage wird es möglich sein, die zwei unterschiedlichen Sichtweisen von Naturwissenschaft und Glaube in Beziehung zu setzen, zu vergleichen und ihre Gemeinsamkeiten und Unterschiede herauszuarbeiten (Bausteine 3 und 4). Dabei sollte deutlich werden, dass es sich bei beiden Perspektiven um verschiedene Blickwinkel auf die eine Wirklichkeit handelt, welche aber jeweils ihre eigenen Erkenntnisebenen und Deutungsmuster haben.

Viele Arbeitsaufträge sind im Laufe der Reihe so angelegt, dass die jeweils letzte Aufgabe zu einem Text Gelegenheit bietet, eine eigene Position zum Thema zu entwickeln und Probleme im Spannungsfeld zwischen Naturwissenschaft und Glaube begründet zu beurteilen. Außerdem werden sowohl Formen theologischer Argumentation als auch Gemeinsamkeiten oder Unterschiede theologischer und naturwissenschaftlicher Standpunkte verglichen und bewertet (s. Einheitliche Prüfungsanforderungen in der Abiturprüfung, Literaturangabe s. u., im Folgenden: EPA. Hier: Stichwort »Urteilsfähigkeit«). An anderen Stellen werden die Aufgaben zu Texten Anwendungs- oder Transfercharakter besitzen.

Zum Umgang mit Sachtexten

Das vorliegende Themenheft bietet in erster Linie textbasierte Materialien (Abkürzung: M), insbesondere fachspezifische Sachtexte. Die erste den Texten zugeordnete Aufgabe wird oft das Textverständnis betreffen. Die folgende Methoden-Box soll den Zugang zu solchen Sachtexten erleichtern. Auf sie kann im Rahmen des Heftes oft Bezug genommen werden; beispielhaft geschieht das in den Aufgaben zu den Texten **M 2** und **M 3** des ersten Bausteins.

METHODEN-BOX

Lesen von Sachtexten

Beim Lesen theologischer und anderer Sachtexte ist es hilfreich, in mehreren Schritten vorzugehen. Ein Beispiel wird hier vorgestellt:

Zur Orientierung:

✓ Beachten Sie die Überschrift des Textes. Stellen Sie Vermutungen über den Inhalt an.

Lesen Sie den Text ein erstes Mal.

✓ Schlagen Sie unbekannte Worte nach.

✓ Fassen Sie das Thema des Textes in einem Satz zusammen.

✓ Trafen die Vermutungen, die Sie vor Lesen des Textes formuliert haben, zu?

Lesen Sie den Text nun noch einmal genau durch:

✓ Teilen Sie den Text in Sinnabschnitte ein.

✓ Nutzen Sie dabei Markierungshilfen: Symbole, unterschiedliche Farben und Randnotizen helfen Ihnen, den Text auf seine Kernaussagen hin zu strukturieren.

Nach dem Lesen:

✓ Lösen Sie sich vom Text und geben Sie schließlich die Hauptaussagen pointiert in eigenen Worten wieder.

✓ Manchmal ist es hilfreich, Hintergrundinformationen zu Autor oder Entstehungskontext des Textes zu recherchieren, um die Aussagen des Textes besser einordnen zu können.

Hinweis auf weibliche Sprachformen

Allein zu Gunsten einer besseren Lesbarkeit verwendet dieses Themenheft grundsätzlich männliche Sprachformen. Es wird ausdrücklich darauf hingewiesen, dass dabei stets die jeweils weibliche Form mit eingeschlossen ist.

Literaturhinweise

Einheitliche Prüfungsanforderungen in der Abiturprüfung: Evangelische Religionslehre (Beschluss der Kultusministerkonferenz vom 01.12.1989 i. d. F. vom 16.11.2006). Quelle (18.06.2012): http://www.kmk.org/fileadmin/veroeffentlichungen_beschluesse/1989/1989_12_01-EPA-Ev-Religion.pdf

Kernlehrplan für das Gymnasium – Sekundarstufe I in Nordrhein-Westfalen. Quelle (20.07.2012): http://www.standardsicherung.schulministerium.nrw.de/lehrplaene/upload/lehrplaene_download/gymnasium_g8/G8_Ev_Religionslehre_Endfassung.pdf

Alle Bibelzitate sind folgender Ausgabe entnommen: Die Bibel. Luthertext mit Apokryphen. Revidierter Text 1984, durchgesehene Ausgabe, © 1999 Deutsche Bibelgesellschaft, Stuttgart

Baustein 1: Das naturwissenschaftliche Weltbild

Die Unterrichtsreihe beginnt mit dem Blick auf die Naturwissenschaft, da dieser Zugang zur Wirklichkeit heute vielen Menschen vertrauter erscheint als der Weg über religiöse Themen und Sprache. Wissenschaftliche Aussagen sind in der westlichen Gesellschaft omnipräsent. Mit ihnen werden politische Positionen begründet, nach ihnen werden Lebensentscheidungen getroffen und mit ihrer Hilfe die Welt erklärt.

Es geht im ersten Baustein darum, diese Deutung der Wirklichkeit in einigen ihrer theoretischen Grundlagen wahrzunehmen und zu verstehen. Dies geschieht mit der Perspektive, schließlich in der Lage zu sein, »verschiedene Wahrnehmungs- und Wirklichkeitskonzepte zu unterscheiden« (KLP). In diesem Sinne steht im ersten Baustein der Reihe die sachliche Auseinandersetzung mit einigen grundlegenden und weltanschaulich relevanten Aspekten der Naturwissenschaft im Vordergrund. Schülerinnen und Schüler lernen, den weltanschaulichen Wert naturwissenschaftlicher Aussagen wahrzunehmen und zu beschreiben. Die Brücke zum weltanschaulichen Aspekt der Naturwissenschaft wird dabei inhaltlich durch den erkenntnistheoretischen Schwerpunkt des Bausteins geschlagen. Die Schülerinnen und Schüler werden sich zu dieser erkenntnistheoretischen Perspektive auf die Naturwissenschaft positionieren können und so in der Lage sein, einen eigenen Standpunkt argumentativ zu vertreten.

Der Einstieg ins Thema erfolgt in **M 1** über ein fotorealistisches Bild des Malers Richard Estes (*1932). In **M 2** äußert sich Marcus Borg (*1942) zum Weltbild der Moderne. Borg war bis zu seiner Emeritierung 2007 Professor für Religion und Kultur an der Oregon State University, USA. Die Aufgaben zu den Texten **M 2** und **M 3** verweisen zum Einstieg explizit auf die Methoden-Box zur Texterschließung (S. 5). In **M 3** wird dabei eine einflussreiche philosophische Position des 20. Jahrhunderts fokussiert. Anhand eines Textes des britischen Physikers Stephen Hawking (*1942) wird übergeleitet zur Frage wissenschaftlicher Theoriebildung **(M 4),** deren erkenntnistheoretische Vorbedingungen in **M 5** von Gerhard Vollmer (*1943) genauer untersucht werden. Vollmer gilt als einflussreicher Vertreter der »evolutionären Erkenntnistheorie«. Anhand eines Gleichnisses in **M 6** können naturwissenschaftliches Arbeiten und naturwissenschaftliche Erkenntnismöglichkeiten schließlich kritisch reflektiert werden.

M 1 Richard Estes: 14th Street Subway Station

© Richard Estes, courtesy Marlborough Gallery, New York

Aufgaben:

1. Das Bild ist gemalt. Beschreiben Sie Ihre ersten Eindrücke ohne es zu interpretieren.
2. Was ist das Thema des Bildes? Geben Sie dem Bild einen alternativen Titel.
3. Erläutern Sie mit Hilfe der Info-Box, wie es dem Künstler gelingt, Form und Thema des Bildes in Einklang zu bringen.

INFO-BOX

Hyperrealismus (auch: Superrealismus)
Bezeichnung für einen gesteigerten Fotorealismus, wie er v. a. in den USA in der Folge der Pop Art zwischen 1965–70 von Close, Eddy, Estes, Morley u. a. entwickelt wurde. Zielt auf die möglichst neutrale Wiedergabe visueller Fakten ohne subjektive Interpretation durch den Künstler. Das Motiv wird unter Einbeziehung technischer Hilfsmittel (Diarasterung) in fotografischer Sehschärfe und möglichst ohne erkennbaren malerischen Duktus abgebildet. Der Begriff wird manchmal auch für realistische Bildhauer verwendet (De Andrea, Hanson).

Quelle (30.03.2012): http://www.prestel-kuenstlerlexikon.de/search.php?type=detail&id=596

M 2 Marcus Borg: Die Moderne

Als erstes zeichnet sich die Moderne durch die wissenschaftlichen Arten der Erkenntnis aus. Die Geburt der modernen Wissenschaft ist in der Tat die Geburt der Moderne selbst. Mit der modernen Wissenschaft entwickelte sich auch eine neue Epistemologie (Erkenntnistheorie): Im Gegensatz zu den Menschen früher erkennen wir heute etwas als wahr an mit Hilfe von Experiment und Verifikation.

Zweitens ist die Moderne gekennzeichnet durch das, was manchmal als »moderne Weltsicht« oder »Newtonsche Weltsicht« bezeichnet wird. Eine Weltsicht ist ein Abbild der Wirklichkeit – ein Verständnis dessen, was wirklich und was möglich ist. Die moderne Weltsicht basiert auf den wissenschaftlichen Arten der Erkenntnis: Real ist dasjenige, das mit den Methoden der Wissenschaft erkannt werden kann. Epistemologie (wie wir erkennen) ist zur Ontologie (was ist real?) geworden.

Aus der modernen Weltsicht ergibt sich ein materielles Verständnis der Wirklichkeit. Das, was real ist, ist die raum-zeitliche Welt von Masse und Energie. Die Wirklichkeit besteht aus winzigen Teilchen von Materie, die alle miteinander nach den Regeln der Naturgesetze interagieren. Das Ergebnis ist das Bild des Universums als geschlossenes System von Ursache und Wirkung. Obwohl diese Weltsicht in der theoretischen Physik bereits als überholt gilt, hält sie sich hartnäckig in unseren Überzeugungen.

Die Moderne hat viel Nützliches hervorgebracht. Ihre offensichtlichsten Errungenschaften finden sich in den Bereichen Naturwissenschaft, Technik und Medizin. Aber sie gehen noch darüber hinaus: Regierungsformen, Menschenrechte, Geschichtswissenschaft, ein empathisches Bewusstsein gegenüber anderen Kulturen, usw. Ich schätze die Moderne daher sehr, auch wenn ich nun zwei ihrer höchst destruktiven Konsequenzen erwähne, nämlich mit Blick auf die Religion allgemein einerseits und auf das Christentum und die Bibel andererseits.

Die erste Konsequenz: Die Moderne hat uns skeptisch gemacht gegenüber der spirituellen Wirklichkeit. Das moderne, materielle Verständnis von Wirklichkeit lässt für viele von uns die Wirklichkeit Gottes problematisch erscheinen. […]

Zweitens hat die Moderne dazu geführt, dass wir von Fakten voreingenommen sind – von naturwissenschaftlich verifizierbaren Fakten und historisch zuverlässigen Fakten. Genau genommen ist die moderne westliche Kultur die einzige in der Geschichte der Menschheit, die Wahrheit mit Fakten gleichsetzt. Wir sind »Fakten-Fundamentalisten«: Wenn eine Aussage nicht wissenschaftlich oder historisch überprüfbar ist, ist sie auch nicht wahr.

Übersetzt aus: Borg, Marcus: Reading the Bible Again for the first time. SanFrancisco 2002. S. 14–16

Aufgaben:

1. Bearbeiten Sie den Text mit den Ihnen bekannten Methoden der Texterschließung (vgl. Methoden-Box S. 5): Welche Elemente kennzeichnen nach Borg die Weltsicht der Moderne?
2. Bringen Sie die moderne Weltsicht in Zusammenhang mit dem Bild von Richard Estes (**M 1**).
3. Überlegen Sie, auch über den Text hinaus, welche Konsequenzen eine solche Weltsicht für eine religiöse Perspektive auf die Wirklichkeit haben kann. Geben Sie konkrete Beispiele.

M 3 Der Wiener Kreis: Die wissenschaftliche Weltauffassung

Die wissenschaftliche Weltauffassung ist nicht so sehr durch eigene Thesen charakterisiert als vielmehr durch die grundsätzliche Einstellung, die Gesichtspunkte, die Forschungsrichtung. Als Ziel schwebt die *Einheitswissenschaft* vor. Das Bestreben geht dahin, die Leistungen der einzelnen Forscher auf den verschiedenen Wissenschaftsgebieten in Verbindung und Einklang miteinander zu bringen. Aus dieser Zielsetzung ergibt sich die Betonung der *Kollektivarbeit;* hieraus auch die Hervorhebung des intersubjektiv Erfaßbaren; hieraus entspringt das Suchen nach einem neutralen Formelsystem, einer von den Schlacken der historischen Sprachen befreiten Symbolik; hieraus auch das Suchen nach einem Gesamtsystem der Begriffe. Sauberkeit und Klarheit werden angestrebt, dunkle Fernen und unergründliche Tiefen abgelehnt. In der Wissenschaft gibt es keine »Tiefen«; überall ist Oberfläche: alles Erlebte bildet ein kompliziertes, nicht immer überschaubares, oft nur im einzelnen faßbares Netz. Alles ist dem Menschen zugänglich; und der Mensch ist das Maß aller Dinge. Hier zeigt sich Verwandtschaft mit den Sophisten, nicht mit den Platonikern; mit den Epikureern, nicht mit den Pythagoreern[1]; mit allen, die irdisches Wesen und Diesseitigkeit vertreten. Die wissenschaftliche Weltauffassung kennt *keine unlösbaren Rätsel.* Die Klärung der traditionellen philosophischen Probleme führt dazu, daß sie teils als Scheinprobleme entlarvt, teils in empirische Probleme umgewandelt und damit dem Urteil der Erfahrungswissenschaft unterstellt werden. In dieser Klärung von Problemen und Aussagen besteht die Aufgabe der philosophischen Arbeit, nicht aber in der Aufstellung eigener »philosophischer« Aussagen. Die Methode dieser Klärung ist die der *logischen Analyse;* von ihr sagt Russell: sie ist »in Anlehnung an die kritischen Untersuchungen der Mathematik langsam entstanden. Meines Erachtens liegt hier ein ähnlicher Fortschritt vor, wie er durch Galilei in der Physik hervorgerufen wurde: beweisbare Einzelergebnisse treten an die Stelle unbeweisbarer, auf das Ganze gehender Behauptungen, für die man sich nur auf die Einbildungskraft berufen kann«. Diese *Methode der logischen Analyse* ist es, die den neuen Empirismus und Positivismus wesentlich von dem früheren unterscheidet, der mehr biologisch-psychologisch orientiert war. Wenn jemand behauptet: »es gibt einen Gott«, »der Urgrund der Welt ist das Unbewußte«, »es gibt eine Entelechie als leitendes Prinzip im Lebewesen«, so sagen wir ihm nicht: »was du sagst, ist falsch«; sondern wir fragen ihn: »was meinst du mit deinen Aussagen?« Und dann zeigt es sich, daß es eine scharfe Grenze gibt zwischen zwei Arten von Aussagen. Zu der einen gehören die Aussagen, wie sie in der empirischen Wissenschaft gemacht werden; ihr Sinn läßt sich feststellen durch logische Analyse, genauer: durch Rückführung auf einfachste Aussagen über empirisch Gegebenes. Die anderen Aussagen, zu denen die vorhin genannten gehören, erweisen sich als völlig bedeutungsleer, wenn man sie so nimmt, wie der Metaphysiker sie meint. […]

Von der wissenschaftlichen Weltauffassung wird die metaphysische Philosophie abgelehnt. Die von den Metaphysikern als Erkenntnisquelle besonders betonte Intuition wird von der wissenschaftlichen Weltauffassung nicht etwa überhaupt abgelehnt. Wohl aber wird eine nachträgliche rationale Rechtfertigung jeder intuitiven Erkenntnis Schritt für Schritt angestrebt und gefordert. Dem Suchenden sind alle Mittel erlaubt; das Gefundene aber muß der Nachprüfung standhalten. Abgelehnt wird die Auffassung, die in der Intuition eine höherwertige, tieferdringende Erkenntnisart sieht, die über die sinnlichen Erfahrungsinhalte hinausführen könne und nicht durch die engen Fesseln begrifflichen Denkens gebunden werden dürfe.

[…] Wir haben die wissenschaftliche Weltauffassung im Wesentlichen durch zwei Bestimmungen charakterisiert. Erstens ist sie empiristisch und positivistisch: es gibt nur Erfahrungserkenntnis, die auf unmittelbar Gegebenen beruht. Hiermit ist die Grenze für den Inhalt legitimer Wissenschaft gezogen. Zweitens ist die wissenschaftliche Weltauffassung gekennzeichnet durch die Anwendung einer bestimmten Methode, nämlich der logischen Analyse. Das Bestreben der wissenschaftlichen Arbeit geht dahin, das Ziel, die Einheitswissenschaft, durch Anwendung dieser logischen Analyse auf das empirische Material zu erreichen.

[1] Sophisten … Pythagoreern: *philosophische Schulen des antiken Griechenland*

aus: Verein Ernst Mach (Hg.): »Wissenschaftliche Weltauffassung. Der Wiener Kreis (1929)«.
in: Stöltzner, Michael/Uebel, Thomas (Hg.): Der Wiener Kreis. Texte zur wissenschaftlichen Weltauffassung. Hamburg 2006. S. 3–29, hier S. 11–15

Aufgaben:

1. Bearbeiten Sie den Text mit den Ihnen bekannten Methoden der Texterschließung (vgl. Methoden-Box S. 5): Was ist nach Auffassung des Wiener Kreises die Aufgabe der Philosophie?
2. Ein bekanntes Zitat Ludwig Wittgensteins lautet: »Was sich überhaupt sagen lässt, lässt sich klar sagen; und wovon man nicht reden kann, darüber muss man schweigen«. Stellen Sie vor dem Hintergrund des Textes Vermutungen zur Bedeutung des Zitates an.
3. Inwieweit ist die Behauptung, die wissenschaftliche Weltauffassung kenne »keine unlösbaren Rätsel« (Z. 25 f.) eine Herausforderung für den christlichen Glauben?

INFO-BOX

Der Wiener Kreis
Der Wiener Kreis war eine in den 1920er und 30er Jahren entstandene Bewegung der Wissenschaftsphilosophie. Ziel des Wiener Kreises war die Entwicklung einer Einheitswissenschaft auf Basis der Logik, einer klar definierten Sprache und gesicherter empirischer Erkenntnisse. Nach diesem Ansatz konstituiert sich Wahrheit nur aufgrund wissenschaftlich nachweisbarer Fakten. Ein solcher Positivismus lehnt jede Metaphysik ab und geht davon aus, dass alle Dinge letztlich gänzlich wissenschaftlich fassbar sind. Hauptvertreter des Wiener Kreises waren u. a. Moritz Schlick, Otto Neurath und Rudolf Carnap.

M4 Stephen Hawking: Das Wesen wissenschaftlicher Theorien

Wenn wir uns mit der Beschaffenheit des Universums befassen und Fragen erörtern wollen wie die nach seinem Anfang oder seinem Ende, müssen wir eine klare Vorstellung davon haben, was eine wissenschaftliche Theorie ist. Ich werde hier von der einfachen Auffassung ausgehen, dass eine Theorie aus einem Modell des Universums oder eines seiner Teile sowie aus einer Reihe von Regeln besteht, die Größen innerhalb eines Modells in Beziehung zu unseren Beobachtungen setzen. Eine Theorie besteht nur in unserer Vorstellung und besitzt keine andere Wirklichkeit (was auch immer das bedeuten mag).

Gut ist eine Theorie, wenn sie zwei Voraussetzungen erfüllt: Sie muss eine große Klasse von Beobachtungen auf der Grundlage eines Modells beschreiben, das nur einige wenige willkürliche Elemente enthält, und sie muss eindeutige Voraussagen über die Ergebnisse künftiger Beobachtungen ermöglichen.

Beispielsweise glaubte Aristoteles an die Theorie des Empedokles, nach der alles aus den vier Elementen Erde, Luft, Feuer und Wasser besteht. Das war einfach genug, um der ersten genannten Bedingung zu genügen, führte aber zu keinen eindeutigen Voraussagen. Newtons Gravitationstheorie dagegen beruhte auf einem noch einfacheren Modell, nach dem sich Körper mit einer Kraft anziehen, die ihrer Masse proportional und dem Quadrat der Entfernung zwischen ihnen umgekehrt proportional ist. Aber sie sagt die Bewegungen der Sonne, des Mondes und der Planeten mit großer Präzision voraus.

Jede physikalische Theorie ist insofern vorläufig, als sie nur eine Hypothese darstellt: Man kann sie nie beweisen. Wie häufig auch immer die Ergebnisse von Experimenten mit einer Theorie übereinstimmen, man kann nie sicher sein, dass das Ergebnis nicht beim nächsten Mal der Theorie widersprechen wird. Dagegen ist eine Theorie widerlegt, wenn man nur eine einzige Beobachtung findet, die nicht mit den aus ihr abgeleiteten Voraussagen übereinstimmt. Wie der Wissenschaftsphilosoph Karl Popper darlegte, zeichnet sich eine gute Theorie dadurch aus, dass sie eine Reihe von Vorhersagen macht, die sich im Prinzip jederzeit durch Beobachtungsergebnisse widerlegen, falsifizieren lassen. Immer wenn die Beobachtungen aus neuen Experimenten mit den Vorhersagen übereinstimmen, überlebt die Theorie, und man fasst ein bisschen mehr Vertrauen zu ihr; doch sobald man auch nur auf eine Beobachtung stößt, die von den Vorhersagen abweicht, muss man die Theorie aufgeben oder modifizieren.

Zumindest sollte das der Fall sein, doch es sind natürlich stets Zweifel erlaubt an der Fähigkeit derer, welche die Experimente durchführen.

In der Praxis sieht dies oft so aus, dass man eine neue Theorie entwickelt, die in Wahrheit nur eine Erweiterung der vorherigen ist. [...]

Letztlich ist das Ziel der Wissenschaft, eine einzige Theorie zu finden, die das gesamte Universum beschreibt.

Hawking, Stephen/Mlodinow, Leonard: »Die kürzeste Geschichte der Zeit« Deutsche Übersetzung von Hainer Kober

Aufgaben:

1. Erklären Sie, wie man zu einer wissenschaftlichen Theorie gelangt.
2. Recherchieren Sie über den Text hinaus ein weiteres Beispiel für die Schritte wissenschaftlicher Theoriebildung. Stellen Sie Ihre Ergebnisse vor.

M 5 Gerhard Vollmer: Die Axiome der Naturwissenschaft

Gerhard Vollmer weist darauf hin, dass die Beweisbarkeit von wissenschaftlichen Theorien grundsätzlich eingeschränkt ist. Methodisch ist für den Beweis einer Theorie weder ein ›infiniter Regress‹ möglich, wobei auf der Suche nach Begründungen unendlich weit zurückgegangen werden müsste, noch ein logischer Zirkel, der als Voraussetzung eines der Elemente annimmt, welches bewiesen werden sollte.

Für einen wissenschaftlichen Beweis sind daher von vornherein bestimmte Setzungen, auch »Axiome« oder »Postulate« genannt, unvermeidlich. Ein solches Axiom ist »ein Satz, auf dessen Beweis man verzichtet, weil man irgendwo anfangen muß«. Daraus folgt, dass »[w]issenschaftliche Hypothesen und Theorien […] nicht voraussetzungslos beweisbar« sind. Somit ist es, nach Gerhard Vollmer, eine Täuschung, dass »Mathematik oder Naturwissenschaft sichere Erkenntnis über die Welt liefern könnten«.

Bleibt dann als erkenntnistheoretische Sackgasse nur ein strikter Skeptizismus? Nicht ganz. Immerhin kann innerhalb von Axiom-Systemen eine *relative Beweisbarkeit* gelten. Hierbei ist natürlich zu beachten, dass sich der hypothetische Charakter der vorgegebenen Axiome auf die Schlussfolgerungen überträgt. Werden also bestimmte Vorannahmen als gültig angenommen, kann ein widerspruchsfreies System aufgebaut werden, das sich dann ggf. auch in der Praxis bewähren kann. Für die Naturwissenschaft nennt Gerhard Vollmer beispielhaft zehn Axiome, die als gültig vorausgesetzt werden können. Sie bilden die Basis für weitergehende wissenschaftliche Theorien und Beweise:

1. *Realitätspostulat:* Es gibt eine reale Welt, unabhängig von Wahrnehmung und Bewusstsein
2. *Strukturpostulat:* Die reale Welt ist strukturiert
3. *Kontinuitätspostulat:* Zwischen allen Bereichen der Wirklichkeit besteht ein (quasi-) kontinuierlicher Zusammenhang
4. *Fremdbewusstseinspostulat:* Auch andere (menschliche und tierische) Individuen haben Sinneseindrücke und Bewusstsein
5. *Wechselwirkungspostulat:* Unsere Sinnesorgane werden von der realen Welt affiziert
6. *Gehirnfunktionspostulat:* Denken und Bewusstsein sind Funktionen des Gehirns, also eines natürlichen Organs
7. *Objektivitätspostulat:* Wissenschaftliche Aussagen sollen objektiv sein
8. *Heuristikpostulat:* Arbeitshypothesen sollen die Forschung anregen, nicht behindern
9. *Erklärbarkeitspostulat:* Die Tatsachen der Erfahrungswirklichkeit können analysiert, durch ›Naturgesetze‹ beschrieben werden
10. *Postulat der Denkökonomie:* Unnötige Hypothesen sollen vermieden werden.

Vollmer, Gerhard: Evolutionäre Erkenntnistheorie. Angeborene Erkenntnisstrukturen im Kontext von Biologie, Psychologie, Linguistik, Philosophie und Wissenschaftstheorie. S. Hirzel Verlag Stuttgart ^{8}2002. S. 26–34

Aufgaben:

1. Notieren Sie sich in Gruppen eventuelle Fragen zu den zehn Vorgaben und diskutieren Sie diese anschließend im Plenum.
2. Letztlich sind diese zehn Axiome nicht beweisbar, doch auf ihrer Geltung beruhen die Aussagen der Naturwissenschaft. Der hypothetische Charakter der Axiome überträgt sich damit auf diese Aussagen (vgl. Z. 22 ff.). Erläutern Sie, ob bzw. inwieweit diese Tatsache Ihrer Meinung nach Auswirkungen auf die Glaubwürdigkeit der Naturwissenschaft hat.

Erläuterungen zu einigen Axiomen

Allgemein: Einige Axiome sind voneinander abhängig
Zu 3.: So vielschichtig die Wirklichkeit auch ist, ihre Teile sind letztlich alle durch bestimmte grundlegende Merkmale verbunden.
Zu 6.: Das Gehirnfunktionspostulat richtet sich u.a. gegen eine metaphysische Interpretation von Bewusstsein.
Zu 8.: Das Heuristikpostulat ist methodologisch begründet: Es soll bei der Entscheidung zwischen zwei gleichwertigen konkurrierenden Hypothesen helfen und derjenigen Hypothese den Vorzug geben, die z.B. überprüfbar ist oder neue Forschungsmöglichkeiten eröffnet.

M 6 Das Fischernetzgleichnis

Wissenschaftstheoretische Überlegungen zu den Naturwissenschaften sind mit folgendem Gleichnis illustriert worden:

Ein Fischer besitzt ein Netz von fünf Zentimetern Maschenweite und geht damit auf Fang. Zurückgekehrt mißt er die Länge der Fische, die ihm ins Netz gegangen sind, und findet, daß alle länger als fünf Zentimeter sind. Er stellt deshalb das Naturgesetz auf: *Es gibt keine Fische, die kleiner als fünf Zentimeter sind.* – und seine späteren Fänge bestätigen sein Gesetz aufs beste.

aus: Poser, Hans: Wissenschaftstheorie. Eine philosophische Einführung. Stuttgart 2001. S. 18
Poser schreibt das Gleichnis Arthur Edington zu.

Aufgabe:

1. Erklären Sie die Bedeutung des Gleichnisses, indem Sie es in Verbindung bringen mit Hawkings Überlegungen zur naturwissenschaftlichen Methodik (**M 4**) und mit Vollmers Axiomen der Naturwissenschaft (**M 5**).

Baustein 2: Glaube

Nachdem im ersten Baustein der Unterrichtsreihe einige Grundlagen naturwissenschaftlichen Arbeitens untersucht wurden, fokussiert der zweite Baustein eine andere Perspektive auf die Welt: den Glauben. Im Rahmen der Reihe ist diese zweite Grundlegung notwendig, um im dritten und vierten Baustein explizit in den Dialog zwischen beiden Perspektiven eintreten zu können.

In der Perspektive des Glaubens wird die Welt unter religiösen Gesichtspunkten wahrgenommen. Diese Wahrnehmung unterscheidet sich in Vielem von der der Naturwissenschaften. Der Kompetenzschwerpunkt des zweiten Bausteins liegt dementsprechend darin, »religiös bedeutsame Sprache und Zeugnisse verstehen und deuten« zu lernen (Stichwort »Deutungsfähigkeit«, vgl. EPA).

Der Einleitungstext **M 1** von Marcus Borg (*1942) beschäftigt sich damit, was es heißt, eine solche religiöse Perspektive auf die Welt einzunehmen. Mit der besonderen Perspektive der Religion sind außerdem häufig andere Ausdrucksformen und Textsorten verbunden als wir sie aus den Naturwissenschaften kennen. Diese sind im zweiten Baustein besonders in Form zweier Lieder berücksichtigt. Das Lied »Força« **(M 2)** von Nelly Furtado (*1978) dient dabei inhaltlich auch als Brücke zwischen den Texten **M 1** und **M 3**. Paul Tillich (*1886, †1965) legt in **M 3** und **M 4** dar, was wir unter dem Begriff »Glauben« theologisch verstehen können und wendet sich der Frage nach unterschiedlichen Schattierungen eines solchen Glaubensbegriffes zu. Paul Tillich war einer der bekanntesten Theologen und Religionsphilosophen des 20. Jahrhunderts. Er zählte 1933 in Deutschland zu den religiösen Sozialisten und wanderte unter dem Eindruck des Dritten Reiches in die USA aus. Seine Gedanken werden in **M 4** in Verbindung gebracht mit einem bekannten Kirchenlied **(M 5)** Paul Gerhardts (*1607, †1676). Anschließend nimmt das Themenheft eine klassisch evangelische Position in den Blick, wenn Martin Luther (*1483, †1546) seine Sicht des Glaubens darstellt **(M 6).** Marcus Borg (*1942, zur Person: s. S. 6) schließt mit einer zeitgenössischen Sicht auf das Thema **(M 7).**

Im Verlauf dieses zweiten Bausteins kommen verschiedene religiöse Sprachformen zum Einsatz. Anhand der Lieder können religiöse Motive auch in anderen Kontexten als in Sachtexten identifiziert und gedeutet werden. Mit Luthers Ausführungen zu Röm 1,16 f. wendet sich der Baustein einem für den evangelischen Glauben grundlegenden biblischen Text zu und fokussiert anhand der Texte Tillichs und Borgs einen klassisch systematisch-theologischen und einen zeitgenössischen theologischen Blick auf das Thema »Glauben«. Dabei fordern die Aufgabenstellungen dazu auf, verschiedene Positionen untereinander sowie mit der eigenen Lebenswelt in Beziehung zu setzen.

M 1 Marcus Borg: Das religiöse Weltbild

Natürlich gibt es so viele Weltbilder, wie es Kulturen und Subkulturen gibt. Aber auf einer grundlegenden Ebene kann man im Wesentlichen zwei Arten unterscheiden: religiöse und nichtreligiöse Weltbilder.

In einem *religiösen Weltbild* existiert ein »Mehr«, um noch einmal William James' Ausdruck zu gebrauchen. Über unsere wahrnehmbare Welt der alltäglichen Erfahrung und der wissenschaftlichen Erschließung hinaus gibt es ein »Mehr«, eine nichtmaterielle Ebene, eine zusätzliche Dimension der Wirklichkeit. Diese Sicht wird von allen beständigen Religionen der Welt geteilt. »Das Mehr« hat viele verschiedene Namen: Gott, Geist, das Heilige, Jahwe, das Tao, Allah, Brahman, Atman und so weiter.

In einem *nichtreligiösen Weltbild* gibt es kein »Mehr«. Es gibt nur die Raum-Zeit-Welt der Materie und Energie und anderer natürlicher Kräfte, die dahinter oder darüber stehen. Manchmal nennt man dieses im Zuge der Aufklärung des siebzehnten Jahrhunderts entstandene Weltbild säkulares, naturalistisches oder materielles Weltbild. Es ist die vertraute Vorstellung vom Universum als einem riesigen System aus winzigen Materieteilchen und rätselhaften Kräftefeldern, die alle in Übereinstimmung mit den von uns immer näher erforschten Naturgesetzen operieren. Und weil dieses Weltbild in der modernen westlichen Kultur vorherrschend ist, spricht man auch häufig vom modernen Weltbild oder dem Weltbild der Moderne. […]

Um zum religiösen Weltbild zurückzukehren: Es gibt »mehr« als die Raum-Zeit-Welt der Materie und Energie. Und der am weitesten verbreitete Ausdruck in der westlichen Kultur, um dieses »Mehr« zu bezeichnen, ist das Wort oder der Name »Gott«. Somit ist die Frage »Gibt es Gott?« eigentlich die Frage »Gibt es ein ›Mehr‹?« Meine eigene Antwort ist ein entschiedenes »Ja«. Natürlich kann ich die Existenz Gottes nicht demonstrieren oder beweisen. Aber ich werde einige Anhaltspunkte anführen, auf die ich mich berufen würde. Ich verwende das Wort »Anhaltspunkte« (und nicht etwa »Beweisstücke«) einfach deshalb, weil sonst nahe gelegt würde, es könne einen wirklichen Beweis, eine hundertprozentige Sicherheit geben – was unmöglich ist. Aber die Daten sind eindrucksvoll.

Zunächst gibt es, wie bereits erwähnt, das gemeinsame Zeugnis und die gesamte Weisheit aller Religionen. Die Tatsache, dass die meisten Menschen und Kulturen vor der Moderne die Existenz Gottes bejahten, beweist nichts. Aber es ist eine vernünftige und ernst zu nehmende Annahme, dass ihre Überzeugung auf dem beruhte, was sie wussten, und nicht auf etwas, das sie nicht wussten.

Zweitens sind die Hinweise sehr deutlich, die auf religiöser Erfahrung beruhen; besonders mystische, schamanische und visionäre Erfahrungen können dramatisch und eindrucksvoll sein. Zu allen Zeiten und in allen Kulturen haben Menschen Erlebnisse gehabt, die sie auf überwältigende Weise als Erfahrungen des Heiligen empfunden haben. Im alltäglichen Leben gibt es auch »stillere« Formen der religiösen Erfahrung. Der auf Erfahrung beruhende Sockel der Religion ist äußerst stark, und für mich letztendlich ihre überzeugendste Grundlage.

Drittens gibt es herausfordernde Beteuerungen der postmodernen Wissenschaft, besonders der postmodernen Physik. In seinem kürzlich erschienenen Buch *Why Religion Matters* bezieht sich Huston Smith auf zwei zeitgenössische Physiker, die behaupten, dass die grundlegenden Prozesse des Universums sich außerhalb von Raum und Zeit vollziehen. Diese Behauptung ist geeignet, das moderne Weltbild zu erschüttern, das lediglich die Raum-Zeit-Welt von Materie und Energie anerkennt.

Borg, Marcus: Heute Christ sein. Den Glauben wieder entdecken. Düsseldorf 2005. S. 71–73

Aufgaben:

1. Was unterscheidet nach Marcus Borg das religiöse Weltbild vom Weltbild der Moderne?
2. Wie begründet Borg die religiöse Perspektive?
3. Gibt es Ihrer Erfahrung nach ein ›Mehr‹ des Lebens (Z. 5 u. a.)? Sammeln Sie Argumente dafür und dagegen und geben Sie konkrete Beispiele!

M 2 Nelly Furtado: Força

It is the passion flowing right on through your veins
And it's the feeling that you're oh so glad you came
It is the moment you remember you're alive
It is the air you breathe, the element, the fire
It is that flower that you took the time to smell
It is the power that you know you got as well
It is the fear inside that you can overcome
This is the orchestra, the rhythm and the drum

Com uma força, com uma força
Com uma força que ninguém pode parar
Com uma força, com uma forca
Com uma fome que ninguém pode matar

It is the soundtrack of your ever-flowing life
It is the wind beneath your feet that makes you fly
It is the beautiful game that you choose to play
When you step out into the world to start your day
You show your face and take it in and scream and pray
You're gonna win it for yourself and us today
It is the gold, the green, the yellow and the grey
The red and sweat and tears, the love you got. Hey!

Com uma força, com uma força
Com uma força que ninguém pode parar
Com uma força, com uma força
Com uma fome que ninguém pode matar

Força, força, força, força

Closer to the sky, closer, way up high,
Mais perto do céu, mais perto do céu

Com uma força, com uma força
Com uma força que ninguém pode parar
Com uma força, com uma força
Com uma fome que ninguém pode matar

Força (oh), força (oh), força, força, força

Este amor … Este amor …
É tão grande, tão forte
Come on!

Aus: Nelly Furtado. »Força«. Aus ihrem Album *Folklore*. SKG Music LLC 2003.

Übersetzung der portugiesischen Textteile:

Com uma força, com uma força Com uma força que ninguém pode parar Com uma força, com uma forca Com uma fome que ninguém pode matar	Mit einer Kraft, mit einer Kraft Mit einer Kraft, die niemand aufhalten kann Mit einer Kraft, mit einer Kraft Mit einem Hunger, den niemand stillen/auslöschen kann
Mais perto do céu, mais perto do céu	Näher am Himmel, näher am Himmel
Este amor … Este amor … É tão grande, tão forte	Diese Liebe … diese Liebe … Ist so groß, so stark

Aufgaben:

1. Beschreiben Sie die Grundstimmung und das Thema des Liedes in eigenen Worten.
2. Bringen Sie das Lied in Zusammenhang mit Marcus Borgs Gedanken zum religiösen Weltbild (M 1).

M 3 Paul Tillich: Was der Glaube ist

Glaube ist das Ergriffensein von etwas, das uns unbedingt angeht. Dabei ist der jeweilige Inhalt des Glaubens zwar für den Gläubigen und sein Leben von unendlicher Bedeutung; aber er ist für die formale Definition dessen, was Glaube ist, nicht bestimmend. […]

Das unbedingte Anliegen, das unbedingte Ergriffensein – der Glaube – ist das Ergriffensein vom Unbedingten. Die unendliche Leidenschaft – wie man den Glauben auch genannt hat – ist die Leidenschaft für das Unendliche. Oder um unsere erste Formulierung zu gebrauchen: Das unbedingte Anliegen ist ein Anliegen, bei dem es dem Menschen um das geht, was er als unbedingt, als letztgültig erfahren hat. Mit dieser Definition sind wir vom subjektiven Sinn des Glaubens als zentralem Akt der Person zum objektiven Sinn gelangt, das heißt der Frage nach dem, *was* im Akt des Glaubens erfahren wird. Dabei kann es uns im jetzigen Stadium der Untersuchung nicht weiterhelfen, wenn man uns antwortet, daß das, was im Akt des Glaubens erfahren wird, »Gott« ist oder »ein Gott«. Denn dann fragen wir weiter: Was konstituiert denn in der Idee Gottes die Göttlichkeit? Die Antwort lautet: Es ist das Element des Unbedingten, letztlich Angehenden und Gültigen; dies Element schafft die Qualität der Göttlichkeit.

aus: Tillich, Paul: Wesen und Wandel des Glaubens. Frankfurt/M. 1975. S. 12 und 18f.

Aufgaben:

1. Wie würden Sie Tillichs Definition von Glaube als »Ergriffensein von etwas, das uns unbedingt angeht« (Z. 1 ff.) in eigenen Worten erläutern?
2. Arbeiten Sie mit anderen zusammen. Finden Sie konkrete Beispiele für etwas, das Menschen als »unbedingt, als letztgültig« (Z. 11 ff.) erfahren haben.

INFO-BOX

Paul Tillich
Paul Tillich (1886–1965) war einer der bekanntesten Theologen und Philosophen des 20. Jahrhunderts. Er zählte 1933 zu den religiösen Sozialisten und wanderte unter dem Eindruck des Dritten Reiches in die USA aus.

Bildquelle 11.10.2011: http://people.bu.edu/wwildman/tillich/

M4 Paul Tillich: Wahre und falsche Unbedingtheit

In Ausdrücken wie »letztgültig«, »unbedingt«, »unendlich«, »absolut« ist der Unterschied zwischen Subjekt und Objekt überwunden. Das unbedingte Ergriffensein des Glaubensaktes und das Unbedingte, das im Akt des Glaubens erfahren wird, sind ein und dasselbe. [...]

[Tillich gibt das Beispiel der Erfahrung Gottes in der Mystik: Gott wird als Objekt des Glaubens erfahren, doch zugleich ist der Glaubende selbst von dieser Gotteserfahrung so sehr ergriffen, dass die Grenzen zwischen Gott und Mensch unwichtig werden. Das wirft die Frage auf, ob immer, wenn Menschen bedingungslos von etwas ergriffen sind, von wahrem Glauben geredet werden kann. Tillich verneint das mit Verweis auf die] Unterscheidung von wahrer und falscher Unbedingtheit. Das Endliche, das Unendlichkeit für sich beansprucht, ohne dass sie ihm zukommt (wie zum Beispiel die Nation oder der Erfolg), ist nicht fähig, das Subjekt-Objekt-Schema zu transzendieren. Es bleibt ein Objekt, auf das der Glaubende als Subjekt hinschaut. Er kann es mit normalem Wissen erfassen und kann mit gewöhnlichen Mitteln darüber verfügen. Natürlich gibt es Gradunterschiede in dem großen Bereich falscher Unbedingtheiten. [...] Nationalistische Ekstase [z. B.] kann zu einem Zustand führen, bei dem das Subjekt durch das Objekt fast ausgelöscht wird. Aber nach einer gewissen Zeit taucht es ernüchtert und enttäuscht wieder auf und lehnt nun, weil skeptisch und kritisch geworden, auch die berechtigten Ansprüche der Nation ab. Je eindeutiger der Gegenstand des Glaubens ein Götze ist [d. h. keine wahre Unbedingtheit beanspruchen kann], umso weniger wird die Subjekt-Objekt-Spaltung überwunden. Hierin zeigt sich der eigentliche Unterschied zwischen wahrem Glauben und Götzenglauben. Im wahren Glauben ist das unbedingte Anliegen ein Ergriffensein vom wahrhaft Unbedingten. Im Götzenglauben dagegen werden vorläufige endliche Realitäten zum Rang des Unbedingten erhoben.

Tillich, Paul: Wesen und Wandel des Glaubens. Frankfurt/M. 1975, S. 20 f.

Aufgaben:

1. Wovon können Menschen heute im Sinne von Tillichs »falscher Unbedingtheit« so unangemessen mitgerissen werden, dass sie sich selbst verlieren oder schaden?
2. Wenden Sie Tillichs Gedanken zu wahrer und falscher Unbedingtheit auf Paul Gerhardts Gedanken zu Gott in dem Kirchenlied *Die güldne Sonne* an.

M5 Paul Gerhardt: Die güldne Sonne

Alles vergehet, Gott aber stehet
ohn alles Wanken; seine Gedanken,
sein Wort und Wille hat ewigen Grund.
Sein Heil und Gnaden,
die nehmen nicht Schaden,
heilen im Herzen die tödlichen Schmerzen,
halten uns zeitlich und ewig gesund.
Willst du mir geben, womit mein Leben
ich kann ernähren, so lass mich hören
allzeit im Herzen dies heilige Wort:
»Gott ist das Größte,
das Schönste und Beste,
Gott ist das Süßte und Allergewißte,
aus allen Schätzen der edelste Hort.«

Paul Gerhardt, Die güldne Sonne, 1666

M 6 Martin Luther: Glaube und die Gnade Gottes

Martin Luther schreibt über die Bedeutung der Bibelstelle Römer 1,16f. für sein reformatorisches Denken:

Mit außerordentlicher Leidenschaft war ich davon besessen, Paulus im Brief an die Römer kennenzulernen. Nicht die Herzenskälte, sondern ein einziges Wort im ersten Kapitel (V. 17) war mir bisher dabei im Wege: »Die Gerechtigkeit Gottes wird darin (im Evangelium) offenbart.« Ich haßte nämlich dieses Wort »Gerechtigkeit Gottes«, weil ich durch den Brauch und die Gewohnheit aller Lehrer unterwiesen war, es philosophisch von der formalen oder aktiven Gerechtigkeit (wie sie es nennen) zu verstehen, nach welcher Gott gerecht ist und die Sünder und Ungerechten straft.

Ich konnte den gerechten, die Sünder strafenden Gott nicht lieben, im Gegenteil, ich haßte ihn sogar. Wenn ich auch als Mönch untadelig lebte, fühlte ich mich vor Gott doch als Sünder und mein Gewissen quälte mich sehr. Ich wagte nicht zu hoffen, daß ich Gott durch meine Genugtuung versöhnen könnte. Und wenn ich mich auch nicht in Lästerung gegen Gott empörte, so murrte ich doch heimlich gewaltig gegen ihn: […] mußte denn Gott auch noch durch das Evangelium Jammer auf Jammer häufen und uns auch durch das Evangelium seine Gerechtigkeit und seinen Zorn androhen? So wütete ich wild und mit verwirrtem Gewissen, jedoch klopfte ich rücksichtslos bei Paulus an dieser Stelle an; ich dürstete glühend zu wissen, was Paulus wolle.

Da erbarmte sich Gott meiner. Tag und Nacht war ich in tiefe Gedanken versunken, bis ich endlich den Zusammenhang der Worte beachtete: »Die Gerechtigkeit Gottes wird in ihm (im Evangelium) offenbart, wie geschrieben steht: Der Gerechte lebt aus dem Glauben.« Da fing ich an, die Gerechtigkeit Gottes als eine solche zu verstehen, durch welche der Gerechte[1] als durch Gottes Gabe lebt, nämlich aus dem Glauben. Ich fing an zu begreifen, daß dies der Sinn sei: durch das Evangelium wird die Gerechtigkeit Gottes offenbart, nämlich die passive, durch welche uns der barmherzige Gott durch den Glauben rechtfertigt, wie geschrieben steht: »Der Gerechte lebt aus dem Glauben.« Da fühlte ich mich wie ganz und gar neu geboren und durch offene Tore trat ich in das Paradies selbst ein. Da zeigte mir die ganze Schrift ein völlig anderes Gesicht. Ich ging die Schrift durch, soweit ich sie im Gedächtnis hatte, und fand auch bei anderen Worten das gleiche, z. B.: »Werk Gottes« bedeutet das Werk, welches Gott in uns wirkt; »Kraft Gottes« – durch welche er uns kräftig macht; »Weisheit Gottes« – durch welche er uns weise macht. Das gleiche gilt für »Stärke Gottes«, »Heil Gottes«, »Ehre Gottes«.

Mit so großem Haß, wie ich zuvor das Wort »Gerechtigkeit Gottes« gehaßt hatte, mit so großer Liebe hielt ich jetzt dies Wort als das allerliebste hoch. So ist mir diese Stelle des Paulus in der Tat die Pforte des Paradieses gewesen.

[1] hier: *der von Gott angenommene Mensch*

Luther, Martin. »Vorrede zu Band 1 der lateinischen Schriften der Wittenberger Luther-Ausgabe 1545«
In: Aland, Kurt (Hg.). Luther Deutsch. Die Werke Martin Luthers in neuer Auswahl für die Gegenwart. Band 2. Der Reformator. Stuttgart; Göttingen 1962. S. 19f.

Aufgabe:

1. Stellen Sie das Verhältnis von Mensch und Gott, Glaube und Gerechtigkeit aus Luthers Sicht in einer Grafik dar: Einmal vor und einmal nach Luthers reformatorischer Erkenntnis.

M 7 Marcus Borg: Glaube – der Weg des Herzens

Die Auffassung, dass es beim christlichen Glauben darum geht, eine Reihe bestimmter Behauptungen als wahr anzunehmen, ist sehr gängig. In manchen europäischen Ländern ist »gläubig« gar gleichbedeutend mit »christlich«. »Bist du gläubig?« heißt »Bist du ein Christ?«

Diese ständige Beschäftigung mit »glauben« im Sinne von »etwas für wahr halten« zieht einen entscheidenden Effekt nach sich: Der christliche Glaube wird zu einer »Kopfsache«. Glaube wird in erster Linie eine Angelegenheit der *Überzeugungen des Verstandes.* Was zählt ist, ob man die richtige Auswahl an Glaubenssätzen anerkennt. […]

Hier ist Glaube gemeint im Sinne von: einer These seine geistige Zustimmung geben, eine Behauptung oder Aussage für wahr halten. Manchmal spricht man auch von einem propositionalen, d. h. die inhaltliche Aussagekraft eines Grundsatzes betreffenden Verständnis von Glauben. Es ist die heute vorherrschende Bedeutung, sowohl innerhalb als auch außerhalb der Kirche. Aber diese Vorstellung – dass es im christlichen Glauben primär um *assensus,* um Überzeugungen, um eine »Kopfsache« geht – ist relativ neu. Außerdem ist Glaube im Sinne von *assensus* ein eher schwaches, kraftloses Konzept. Man kann all die richtigen Dinge »glauben« und doch unfrei und unterdrückt bleiben. Man kann all die richtigen Überzeugungen haben und doch trostlos sein. Man kann alle richtigen Dogmen akzeptieren und doch sonst relativ unverändert leben. Der »Glaube« an eine Reihe von Auffassungen hat nur wenig verändernde Kraft.

Glaube hat nicht in erster Linie etwas mit Gewissheiten zu tun, sondern es geht dabei um die tiefste Beziehung unseres Ich zu Gott.

Glaube als *fiducia*

Von *fiducia* stammen Fremdwörter ab wie »fiduziar« und »fiduziarisch«, was treuhänderisch heißt, oder der Ausruf »Fiduzit!«, von lateinisch *fiducia sit:* Vertraue darauf! *Fiducia* meint Glaube im Sinne von »Vertrauen«, grundlegendes Vertrauen in Gott. Im Deutschen gibt es gar ein eigenes Wort dafür: *Gottvertrauen.* Bezeichnenderweise meint es nicht: dem Wahrheitsgehalt einer Reihe von Behauptungen über Gott vertrauen; das wäre ja nur *assensus* unter einem anderen Namen. Vielmehr heißt es: auf Gott vertrauen. Glauben im Sinne von Vertrauen ist wie das Treiben auf offenem Meer. Ich schulde diese Metapher Søren Kierkegaard, überzeugter Christ und einer der großen Philosophen des neunzehnten Jahrhunderts: Glauben ist, wie wenn man in siebzigtausend Faden tiefem Wasser treibt. Wenn man kämpft, wenn man sich anspannt und um sich schlägt, wird man letztlich sinken. Entspannt man sich aber und vertraut, so treibt man dahin. Es ist vergleichbar mit Matthäus' Erzählung, in der Petrus mit Jesus übers Wasser geht – in dem Moment, als seine Furcht einsetzt, beginnt er zu sinken.

Um diese Bedeutung von Glauben zu vermitteln, fragte meine Frau einmal eine Studiengruppe von Erwachsenen, wie viele von ihnen schon einmal einem kleinen Kind das Schwimmen beigebracht hätten. Viele hatten diese Erfahrung bereits gemacht. Als sie um eine Beschreibung ihrer Erfahrungen gebeten wurden, berichteten alle, die größte Hürde sei gewesen, das Kind im Wasser zum Entspannen zu bringen. Die übereinstimmende Formel war: »Alles in Ordnung, entspann dich einfach! Du wirst nicht untergehen.« Glaube als Vertrauen meint: auf die Tragfähigkeit Gottes vertrauen. Glauben heißt, uns dem Ozean allen Seins anzuvertrauen, in dem wir leben und uns bewegen und in dem wir sind. Um es mit einer biblischen Metapher zu sagen: Glaube meint hier unser Vertrauen auf Gott als unseren Fels und unsere Festung. Der Sinn bleibt der selbe: Wir setzen unser Vertrauen in Gott als denjenigen, auf den wir uns verlassen, unsere Stütze, unser Fundament und unsere Basis, unseren Ort der Sicherheit.

Diese Bedeutung von Glaube lässt sich ebenfalls erkennen, wenn wir uns ihrem Gegenteil zuwenden. Das Gegenteil von Vertrauen ist nicht Zweifel oder Unglaube, sondern Misstrauen. Noch provozierender kann man das Gegenteil von Vertrauen auch »Sorge« oder »Ängstlichkeit« nennen. In vielen geläufigen Worten, die Jesus zugeschrieben werden, kommt diese Bedeutung zum Ausdruck. So fordert er seine Zuhörer auf, die kosmische Großzügigkeit zu erkennen, die unsere Wirklichkeit prägt:

Blickt auf die Vögel des Himmels: Sie säen nicht und ernten nicht und sammeln nicht in Speicher – und doch: Euer himmlischer Vater nährt sie. (…) Lernt von den Lilien des Feldes: wie sie wachsen. Sie mühen sich nicht ab; sie spinnen nicht. Ich sage euch aber: Nicht einmal Salomo in all seiner Herrlichkeit war gewandet wie eine von diesen hier (Mt 6, 26.28–29).

An der Stelle, an der diese bekannten Zeilen stehen, sagt Jesus seinen Zuhörern insgesamt vier Mal: »Sorgt euch nicht!«, oder mit anderen Worten: »Seid nicht ängstlich!«.

Aus: Borg, Marcus: Heute Christ sein: Den Glauben wieder entdecken. Düsseldorf 2005. S. 33–40

Aufgaben:

1. Erklären Sie am Text die Unterscheidung von Glauben als *assensus* (Z. 24) und als *fiducia* (Z. 35 ff.).
2. Borg zitiert die Bergpredigt. Vergleichen Sie anhand der Bibel Jesu Verständnis von Glauben in der genannten Passage mit dem Glaubensverständnis des Paulus im Römerbrief und Luthers Gedanken dazu (**M 6**).
3. Borg stellt Glaube im Sinne von Vertrauen der »Ängstlichkeit« gegenüber. Einige Zeilen, nachdem der vorliegende Auszug endet, resümiert er: »Glaube im Verständnis von Vertrauen, Gottvertrauen, kann große Veränderungen bewirken«. Finden Sie konkrete Beispiele für eine solche Alltagsrelevanz des Glaubens.

RECHERCHE-PROJEKT

Marcus Borg

Marcus Borg ist der Autor von drei verschiedenen Texten in diesem Heft. Nutzen Sie externe Quellen wie eine Bibliothek oder das Internet, um mehr über sein Leben und seine theologische Position herauszufinden. Stellen Sie Ihre Ergebnisse im Plenum vor.

Bildquelle: www.marcusborg.com

Baustein 3: Naturwissenschaft und Theologie

Nachdem im ersten und zweiten Baustein Naturwissenschaft und Glaube im Wesentlichen einzeln betrachtet wurden, steht im dritten und vierten Baustein der Dialog zwischen beiden Perspektiven im Mittelpunkt. Dabei werden Gemeinsamkeiten ebenso wie Unterschiede thematisiert und zur Diskussion gestellt. Es werden verschiedene Blickwinkel auf den Dialog zwischen Glaube und Naturwissenschaft zur Sprache kommen. Die Aufgaben fordern dabei dazu auf, sich argumentativ mit diesen verschiedenen Blickwinkeln auseinanderzusetzen und eigene Positionen zum Thema zu entwickeln.

Der dritte Baustein beschäftigt sich mit der kontrovers diskutierten Frage, welche Auswirkungen die naturwissenschaftliche Denkweise und ihre Erkenntnisse auf die Frage nach Gott haben. Für die ersten Texte des Bausteins (**M 1** und **M 2**) sind in diesem Zusammenhang die Erkenntnisse der modernen Physik von fundamentaler Bedeutung. Dabei können auch möglicherweise über die Texte hinaus gehende Informationen recherchiert werden, denn von besonderem Interesse sind hier z. B. die Erkenntnisse über sog. »offene Systeme« und über Prinzipien der Selbstorganisation von Materie.

In **M 1** skizziert Paul Davies (*1946) zusammen mit John Gribbin (*1946), einem britischen Astrophysiker, die wichtigsten weltanschaulich relevanten Entwicklungen in den Naturwissenschaften. Davies ist theoretischer Physiker und lehrte an verschiedenen Universitäten in England, Australien und den USA.

Christian Link (*1938) beschäftigt sich in **M 2** mit der Bedeutung »offener Systeme« für die Theologie. Link war systematischer Theologe an der Universität Bochum. Die Texte **M 3** und **M 4** antworten in gewisser Weise auf M 1 und 2 bzw. ähnliche Ansätze. Sie nehmen generell die Frage unter die Lupe, inwieweit die religiöse Weltsicht mit der der Naturwissenschaften kombinierbar oder kompatibel ist. Der Text Dietrich Bonhoeffers (*1906, †1945) entstand 1944 in nationalsozialistischer Gefangenschaft im Rahmen seiner Überlegungen zur Religion. 1945 wurde Bonhoeffer von den Nazis ermordet. Johannes Fischer (*1947) ist systematischer Theologe und lehrte in Basel und Zürich.

Die Materialien **M5–M7** wenden sich u. a. vor dem Hintergrund der Diskussion neuerer physikalischer Erkenntnisse allgemein der Frage zu, wie oder was Menschen überhaupt von Gott wissen oder erfahren können. Der französische Künstler Marc Chagall (*1887, †1985), ein Maler mit russisch-jüdischen Wurzeln, gestaltete im Laufe seines Schaffens zahllose biblische Motive, wie auch das Bild »Moses Berufung« **(M 5).**

Vor dem Hintergrund zweier Bibeltexte **(M 6)** wird anschließend eine klassische theologische Position des 20. Jahrhundert untersucht **(M 7):** Karl Barth (*1886, †1968) gilt als Hauptvertreter der sog. »Dialektischen Theologie« und lehrte systematische Theologie an Universitäten in Deutschland und der Schweiz. Zur Zeit des Dritten Reiches war Barth Mitglied der Bekennenden Kirche.

Karen Armstrong (*1944, zur Person: s. S. 31) erläutert anschließend ihre Gedanken zu Möglichkeiten der Gotteserkenntnis und Gotteserfahrung **(M 8).**

In **M 9** stellt Wolfgang Huber (*1942, zur Person s. S. 32) allgemein die Frage, inwieweit sich die Denkhorizonte von Naturwissenschaft und Glaube überschneiden. Huber ist systematischer Theologe und beschäftigt sich u. a. mit ethischen und gesellschaftlichen Fragestellungen.

Der Radiologe Andrew Newberg (*1965), der Psychologe Eugene d'Aquili (*1940, †1998) und der Journalist Vince Rause (*1952) wenden sich abschließend in **M 10** möglichen Auswirkungen der modernen Hirnforschung auf die Frage nach Gott zu.

M 1 Paul Davies/John Gribbin: Der Materialismus ist tot

Newtons Sicht auf die Materie als träge Masse, die durch äußere Kräfte gestaltet und geformt wird, setzte sich in der westlichen Kultur durch. […]

Es ist nur gerecht, daß die Physik, die dem Materialismus die Steigbügel gehalten hat, auch seinen Sturz verkündet. In diesem Jahrhundert hat die moderne Physik die Grundsätze der materialistischen Lehre in der Folge atemberaubender Entwicklungen wie Seifenblasen zerplatzen lassen.

Es war zunächst die Relativitätstheorie, die Newtons Annahmen über Raum und Zeit in Frage stellte – Annahmen, die bis heute unser alltägliches, »normales« Weltbild beeinflussen. Die Bühne, auf der das Uhrwerk-Universum sein Stück spielte, wurde nun selbst zum Gegenstand von Veränderungen und Verwerfungen. Die Quantentheorie wandelte grundlegend unsere Vorstellungen von der Materie. Die alte Annahme, daß der Mikrokosmos der Atome einfach eine verkleinerte Version der sichtbaren Welt sei, mußte fallengelassen werden. An die Stelle von Newtons deterministischer Maschine trat eine nebulöse und widersprüchliche Verbindung von Wellen und Teilchen, die viel eher den Gesetzen des Zufalls als den strengen Regeln der Kausalität gehorchte. Eine Erweiterung der Quantentheorie, die Quantenfeldtheorie, geht sogar noch einen Schritt weiter: Sie zeichnet ein Bild, in dem die feste Materie sich einfach auflöst und von regellosen Impulsen und Schwingungen unsichtbarer Feldenergie ersetzt wird. Diese Theorie kennt kaum einen Unterschied zwischen fester Substanz und scheinbar leerem Raum und schreibt letzterem eine lebhafte Quantenaktivität zu. All diese Überlegungen gipfeln in der sogenannten Superstringtheorie, die Raum, Zeit und Materie zu vereinen sucht und sie aus den Schwingungen submikroskopischer Schleifen unsichtbarer Strings aufbauen will, die ein zehndimensionales imaginäres Universum bevölkern.

Die Quantenphysik untergräbt den Materialismus, weil sie enthüllt, daß Materie weit weniger »Substanz« hat, als wir vielleicht glauben. Aber eine andere Entwicklung geht in der Zerstörung von Newtons Bild der Materie als reaktionsträger Masse noch weiter: die Chaostheorie, die in jüngster Zeit weltweit Beachtung findet. Eigentlich ist »Chaos« nur Teil einer gewaltigen Umwälzung in der wissenschaftlichen Betrachtungsweise dynamischer Systeme. Man stellte fest, daß sogenannte nichtlineare Effekte Materie veranlassen können, sich scheinbar absonderlich zu verhalten, sich zum Beispiel selbst zu organisieren und spontan Muster und Strukturen zu entwickeln. Das Chaos ist insofern ein Sonderfall; es tritt in nichtlinearen Systemen auf, die instabil werden und sich willkürlich und völlig unvorhersehbar verändern. Der starre Determinismus des Newton'schen Uhrwerk-Universums löst sich hier in nichts auf und wird durch eine Welt ersetzt, in der die Zukunft offen ist, in der die Materie ihre starren Schranken sprengt und selbst kreatives Element wird. […]

Wir betonen noch einmal, daß dies [i. e. die Unfähigkeiten, die Entwicklung physikalischer Systeme absolut genau zu beschreiben und vorherzusagen] nicht nur menschliche Schranken sind. Das Universum selbst »kennt« sein eigenes Wirken nicht mit absoluter Genauigkeit und kann deshalb auch nicht im Einzelnen »vorhersagen«, was als nächstes geschieht. Manche Dinge geschehen wirklich zufällig.

Davies, Paul/Gribbin, John: Auf dem Weg zur Weltformel. Berlin 1993. S. 12–15 und 38 f.

Aufgaben:

1. Skizzieren Sie die neueren Entwicklungen in der Physik anhand des Textes. Falls nötig, greifen Sie dazu auf andere Informationsquellen (Fachbücher, Internet, …) zurück.
2. Was meint Davies, wenn er postuliert, dass die Zukunft des Universums »offen« sei (Z. 54 ff.)?
3. Haben die Erkenntnisse der modernen Physik Ihrer Meinung nach Konsequenzen für eine religiöse Weltsicht? Begründen Sie Ihre Meinung und geben Sie Beispiele.

M 2 C. Link: Offene Systeme und Gott

Es ist – aufs Ganze gesehen – jedoch nicht die Theologie, sondern die zeitgenössische *Naturwissenschaft* gewesen, die eine Neuorientierung der Schöpfungslehre eingeleitet und ermöglicht hat. […] An die Stelle des geschlossenen Weltbildes, in dem man auf die Hypothese »Gott« sehr wohl verzichten konnte, trat ein *offenes,* die Subjektivität des Menschen – sein Zukunftsbewusstsein, seine Traditions- und Revolutionsfähigkeit – einschließendes Naturbild, das sich der biblischen Überlieferung in neuer Weise öffnet. […]

Die Möglichkeiten eines solchen Brückenschlages [i. e. zwischen Theologie und Naturwissenschaft], mehr noch: einer gemeinsamen Fragestellung, werden heute am intensivsten im Bereich der Theorie *Offener Systeme* und ihrer Interpretation diskutiert. Läßt sich die Schöpfung als ein solches System verständlich machen, und impliziert die naturwissenschaftliche Beschreibung solcher Systeme umgekehrt den Gedanken der Schöpfung?

Worum geht es? Offene Systeme stehen in Wechselwirkung mit ihrer Umgebung. Das unterscheidet Zellen, Organismen oder soziale Verbände von dem Modell des mechanischen Uhrwerks, das als unbeirrbarer Automat über Jahrhunderte hin den klassischen Typus des geschlossenen Systems repräsentierte. Das charakteristische Merkmal offener Systeme ist die Unumkehrbarkeit der hier ablaufenden Prozesse (Evolution). Der *zukünftige* Zustand ist ein *anderer* als der jetzt gegenwärtige. Er ist, was die Evolution sinnfällig vor Augen führt, komplexer, reicher geworden, hat durch die Verwirklichung neuer Möglichkeiten ein höheres Plateau erreicht. Im Unterschied zu geschlossenen Systemen wird hier eine bestimmte Zeitrichtung (von der Vergangenheit in die Zukunft) ausgezeichnet. Die Zeitstruktur ist durch eine qualitative *Differenz* bestimmt (zwischen Vergangenheit und Zukunft), die in offenen Systemen »erfahren« wird: Mit dem Ende der Kindheit treten wir in ein neues Alter ein. Die hier erfahrene Zeitlichkeit aber läßt sich nicht mehr auf den linearen Parametern der klassischen Physik abbilden. […]

Man kann in erster Näherung von der Entdeckung einer prinzipiellen *Offenheit* der Zeit und ihrer Zukunft sprechen, und meint damit: Es gibt Gründe dafür anzunehmen, daß die im *Werden* begriffene Welt ein System ist, das in keinem gegebenen Zustand verharren kann, das vielmehr auf jeder erreichten Stufe über sich selbst hinaus auf neue und reichere Möglichkeiten seiner Entfaltung weist. Man spricht heute von »Selbsttranszendenz« als der Fähigkeit der Erschließung neuer Entwicklungsplateaus. Die entscheidende Frage, die sich heute im Gespräch zwischen Theologie und Naturwissenschaft als die eigentliche Grundfrage erweist, lautet dementsprechend: Welches sind die Bedingungen der *Möglichkeit* jener Offenheit offener Systeme? Worauf also beruht die Fähigkeit der Natur zur Erschließung neuer Organisationsplateaus? Das Rätsel des schöpferischen *Anfangs* hat sich auf diese Frage zusammengezogen, und es ist offenkundig, daß die Rede vom Anfang hier einen neuen und anderen Sinn gewinnt. Denn da offene Systeme (vollends von universaler Vernetzung) kein »Außerhalb« kennen, bleibt, wie es scheint, nur die Möglichkeit, das »Schöpferische« als eine im System selbst wirksame Potenz oder Kraft zu denken, und das wiederum schließt ein, daß es sich dabei nicht um eine nur vorläufige, später vielleicht entbehrliche Hypothese handelt, sondern um eine Bedingung, ohne die überhaupt nichts verständlich würde. Altner spricht von der Unvermeidlichkeit der Gottesfrage, Erich Jantsch sogar von der »Gottesstruktur« der Evolution, dergestalt, daß Gott sich in deren Abfolge immer wieder selbst zurücknimmt, aufgibt und gerade dadurch eine unableitbar neue Erstmaligkeit in die Strukturen des Universums bringt. Die Abgrenzung gegenüber der theologischen Tradition ist deutlich: Wer das Wunder der Schöpfung verstehen will, muß sich von der Vorstellung eines einmaligen Anfangsgeschehens und – folgerichtig – von dem Bild eines weltlosen, überzeitlich gedachten Schöpfers trennen.

Neu zum Thema: Christian Link, Schöpfung. Ein theologischer Entwurf im Gegenüber von Naturwissenschaft und Ökologie. Neukirchen 2012

Aufgaben:

1. Stellen Sie in eigenen Worten das Wesen und die Merkmale offener Systeme dar.
2. Inwiefern können offene Systeme nach Link als »Brückenschlag« (Z. 11 f.) zwischen Theologie und Naturwissenschaft dienen?
3. Welche Auswirkungen hätten solche Überlegungen auf das Gottesbild?
4. Wo liegen Ihrer Meinung nach die Stärken, wo die Schwächen des von Link beschriebenen Ansatzes?

M 3 Dietrich Bonhoeffer: Gott als »Lückenbüßer«

Die Religiösen sprechen von Gott, wenn menschliche Erkenntnis (manchmal schon aus Denkfaulheit) zu Ende ist oder wenn menschliche Kräfte versagen – es ist eigentlich immer der deus ex machina, den sie aufmarschieren lassen, entweder zur Scheinlösung unlösbarer Probleme oder als Kraft bei menschlichem Versagen, immer also in Ausnutzung menschlicher Schwäche bzw. an den menschlichen Grenzen; das hält zwangsläufig immer nur solange vor, bis die Menschen aus eigener Kraft die Grenzen etwas weiter hinausschieben und Gott als deus ex machina überflüssig wird; [...]

Ich möchte von Gott nicht an den Grenzen, sondern in der Mitte, nicht in den Schwächen, sondern in der Kraft, nicht also bei Tod und Schuld, sondern im Leben und im Guten des Menschen sprechen. An den Grenzen scheint es mir besser, zu schweigen und das Unlösbare ungelöst zulassen. [...]

Das »Jenseits« Gottes ist nicht das Jenseits unseres Erkenntnisvermögens! Die erkenntnis-theoretische Transzendenz hat mit der Transzendenz Gottes nichts zu tun. Gott ist mitten in unserm Leben jenseitig. Die Kirche steht nicht dort, wo das menschliche Vermögen versagt, an den Grenzen, sondern mitten im Dorf.

Der Mensch hat gelernt, in allen wichtigen Fragen mit sich selbst fertig zu werden ohne Zuhilfenahme der »Arbeitshypothese: Gott«. In wissenschaftlichen, künstlerischen, auch ethischen Fragen ist das eine Selbstverständlichkeit geworden, an der man kaum mehr zu rütteln wagt; seit etwa 100 Jahren gilt das aber in zunehmendem Maße auch für die religiösen Fragen; es zeigt sich, dass alles auch ohne »Gott« geht, und zwar ebenso gut wie vorher. Ebenso wie auf wissenschaftlichem Gebiet wird im allgemeinen menschlichen Bereich »Gott« immer weiter aus dem Leben zurückgedrängt, er verliert an Boden. [...]

Es ist mir wieder ganz deutlich geworden, dass man Gott nicht als »Lückenbüßer« unserer unvollkommenen Erkenntnis figurieren lassen darf; wenn nämlich dann – was sachlich zwangsläufig ist – sich die Grenzen der Erkenntnis immer weiter herausschieben, wird mit ihnen auch Gott immer weiter weg geschoben und befindet sich demgemäß auf einem fortgesetzten Rückzug. In dem, was wir erkennen, sollen wir Gott finden, nicht aber in dem, was wir nicht erkennen; nicht in den ungelösten, sondern in den gelösten Fragen will Gott von uns begriffen sein.

Bonhoeffer, Dietrich: Widerstand und Ergebung. © 1998, Gütersloher Verlagshaus, Gütersloh, in der Verlagsgruppe Random House GmbH, 1994. S. 143 f., 170, 162

Aufgaben:

1. Beschreiben Sie Dietrich Bonhoeffers Position in eigenen Worten und finden Sie Beispiele.
2. Was würde Bonhoeffer vor dem Hintergrund dieser Überlegungen zu den Thesen in Christian Links Text sagen **(M 2)**? Schreiben Sie einen fiktiven Brief Bonhoeffers an Link.

M 4 J. Fischer: Gottes Schöpfung naturwissenschaftlich formulieren?

Im Rahmen einer »Theologie der Natur« wird der Versuch unternommen, das von den Naturwissenschaften entworfene Bild der Entstehung des Kosmos in die theologische Wahrnehmung zu überführen und vom biblischen Schöpfungsglauben her zu interpretieren. […]

Theologie und Naturwissenschaften, so ein gängiges Argument, sind beide auf dieselbe, eine Wirklichkeit bezogen, und so muß der in der christlichen Rede von der Schöpfung enthaltene Wahrheitsanspruch, wenn es denn hier nicht bei leeren Behauptungen bleiben soll, sich in Auseinandersetzung mit den Naturwissenschaften »verständlich machen« lassen.

Um es direkt zu sagen: Ich halte dieses Unternehmen schon im Ansatz für verfehlt und will dies in den folgenden Ausführungen begründen. Die Verquickung des Schöpfungsglaubens mit Fragen des naturwissenschaftlichen Weltbildes beruht auf einem fundamentalen theologischen Mißverständnis. […]

Das Problem, an welchem besagter Anspruch scheitern muß, der naturwissenschaftlichen Vernunft die Welt als Schöpfung verständlich machen zu können, läßt sich in Kürze so beschreiben. In biblischer Perspektive meint »Schöpfung« ein freies *Handeln* Gottes. Diese Sicht ist auch in der gegenwärtigen schöpfungstheologischen Diskussion weitgehend akzeptiert. Die Naturwissenschaften dagegen haben es nicht mit Handlungen, sondern mit *Ereignissen* zu tun. Der Anspruch, der naturwissenschaftlichen Vernunft die Welt als Schöpfung verständlich zu machen, erfordert damit, daß das Schöpfungshandeln Gottes in die Ereignisperspektive der Naturwissenschaften übersetzt und an den Naturvorgängen identifiziert wird. Wie aber soll das möglich sein? In der Antwort auf diese Frage kommen so unterschiedliche Theologen wie J. Moltmann und W. Pannenberg überein: dadurch, daß Gottes schöpferische Freiheit in der *Kontingenz* alles Naturgeschehens aufgewiesen wird, insbesondere im kontingenten, »epigenetischen« Charakter der Evolution[1]. Doch was für eine Auffassung von »Freiheit« wird damit unterstellt? In der Terminologie Kants ausgedrückt wird hiermit »Freiheit« im Zusammenhang der unter den Bedingungen von Raum, Zeit und Kausalität stehenden »Erscheinungen« aufgewiesen – für Kant ein völlig unmöglicher Gedanke. Für ihn hat die Freiheit des Handelns als das Vermögen, »eine Reihe von Begebenheiten von selbst anzufangen«, nicht Kontingenz im Zusammenhang der Erscheinungen zur Bedingung, so als ließe sich auf dieser Ebene das im Begriff der Freiheit gedachte schlechthin erste Anfangen identifizieren. Auch wenn die Welt ein durchgehend determinierter Kausalzusammenhang wäre, ließe sich nach der Kantschen Auffassung der Freiheit innerweltliches Geschehen als Manifestation freien, spontanen schöpferischen Handelns auffassen. Und so ist es, so muss man folgern, auch für das theologische Verständnis der Welt aus Gottes schöpferischem Handeln völlig unerheblich, ob diese als »Erscheinung«, d. h. unter den Bedingungen von Raum und Zeit, ein geschlossener Kausalzusammenhang oder ein Prozeß im Sinne der Prozeßphilosophie oder ein offenes System mit den Merkmalen der Selbstorganisation und Selbsttranszendenz ist. Es ist daher ein unzulässiger Schluß, wenn man von der innerweltlichen Kontingenz auf die Freiheit und schöpferische Potenz göttlichen Handelns folgert, von der Theorie der offenen Systeme auf die *creatio continua,* überhaupt von der Ereignisperspektive auf die Perspektive des Handelns und der Freiheit.

Es zeigt sich damit, daß das theologische Ansinnen, »der naturwissenschaftlichen Vernunft die *Welt* als Schöpfung … verständlich zu machen«, faktisch darauf hinausläuft, die Schöpfung aus der Sphäre göttlicher Freiheit in den Bereich der Erscheinungswelt (im Sinne Kants) hineinzuverlegen. Aus dem Handeln Gottes wird innerweltliche Geschehenskontingenz, über die sich mit theologischem Vokabular vielfältig spekulieren läßt. Prägnant auf den Begriff gebracht ist dies in der Rede vom »offenen System der Schöpfung«. Aus der Verlagerung der Schöpfung in die Immanenz der Erscheinungswelt erklärt sich im übrigen die starke Tendenz, auch den Schöpfer noch in die Weltimmanenz hineinzuverlegen. Denn wenn erst einmal das Schöpferische mit Geschehenskontingenz identifiziert ist, wenn es erst einmal in der Ereignis-Sprache definiert ist als die Unableitbarkeit neuer Zustände aus alten, dann ereignet sich Schöpfung im Fluß des Geschehens selbst, und Gott wird zum Namen für dessen innere Struktur und Dynamik.

[1] kontingenter, »epigenetischer« Charakter der Evolution – *Fischer nimmt Bezug darauf, dass bei der Entwicklung des Lebens und des Universums das Zufallselement eine Rolle spielt und sich die Welt dadurch unvorhersehbar und oft unumkehrbar entwickelt*

aus: Fischer, Johannes: »Kann die Theologie der naturwissenschaftlichen Vernunft die Welt als Schöpfung verständlich machen?«.
In: Freiburger Zeitschrift für Philosophie und Theologie. 41 (1994): 491–514; hier 491–497

Aufgaben:

1. Erläutern Sie in eigenen Worten Johannes Fischers These, dass die »Verquickung des Schöpfungsglaubens mit Fragen des naturwissenschaftlichen Weltbildes [...] auf einem fundamentalen theologischen Mißverständnis« beruhe (Z. 16 ff): Worin besteht dieses Missverständnis und wie begründet Fischer seine These?
2. Müsste ein Handeln Gottes in der Welt Ihrer Meinung nach auch naturwissenschaftlich erklärbar sein? Nehmen Sie begründet Stellung.

M 5 Marc Chagall: Moses und der brennende Dornbusch

Moses und der brennende Dornbusch (1960–1966, Öl auf Leinwand), © VG Bild Kunst, Bonn 2012

Aufgaben:

1. Wie wirkt das Bild auf Sie? Beschreiben Sie ihre spontanen Eindrücke.
2. Welche Symbole oder Motive können Sie im Bild identifizieren?
3. Wo kommt Gott im Bild vor? (Wie) ist Gott dargestellt?
4. Geben Sie dem Bild einen anderen Titel.

M6 Exodus 3 und Exodus 20

1 Mose aber hütete die Schafe Jitros, seines Schwiegervaters, des Priesters in Midian, und trieb die Schafe über die Steppe hinaus und kam an den Berg Gottes, den Horeb. 2 Und der Engel des HERRN erschien ihm in einer feurigen Flamme aus dem Dornbusch. Und er sah, dass der Busch im Feuer brannte und doch nicht verzehrt wurde. 3 Da sprach er: Ich will hingehen und die wundersame Erscheinung besehen, warum der Busch nicht verbrennt. 4 Als aber der HERR sah, dass er hinging, um zu sehen, rief Gott ihn aus dem Busch und sprach: Mose, Mose! Er antwortete: Hier bin ich. 5 Gott sprach: Tritt nicht herzu, zieh deine Schuhe von deinen Füßen; denn der Ort, darauf du stehst, ist heiliges Land! 6 Und er sprach weiter: Ich bin der Gott deines Vaters, der Gott Abrahams, der Gott Isaaks und der Gott Jakobs. Und Mose verhüllte sein Angesicht; denn er fürchtete sich, Gott anzuschauen. 7 Und der HERR sprach: Ich habe das Elend meines Volks in Ägypten gesehen und ihr Geschrei über ihre Bedränger gehört; ich habe ihre Leiden erkannt. 8 Und ich bin herniedergefahren, dass ich sie errette aus der Ägypter Hand und sie herausführe aus diesem Lande in ein gutes und weites Land, in ein Land, darin Milch und Honig fließt, in das Gebiet der Kanaaniter, Hetiter, Amoriter, Perisiter, Hiwiter und Jebusiter. 9 Weil denn nun das Geschrei der Israeliten vor mich gekommen ist und ich dazu ihre Not gesehen habe, wie die Ägypter sie bedrängen, 10 so geh nun hin, ich will dich zum Pharao senden, damit du mein Volk, die Israeliten, aus Ägypten führst. 11 Mose sprach zu Gott: Wer bin ich, dass ich zum Pharao gehe und führe die Israeliten aus Ägypten? 12 Er sprach: Ich will mit dir sein. Und das soll dir das Zeichen sein, dass ich dich gesandt habe: Wenn du mein Volk aus Ägypten geführt hast, werdet ihr Gott opfern auf diesem Berge. 13 Mose sprach zu Gott: Siehe, wenn ich zu den Israeliten komme und spreche zu ihnen: Der Gott eurer Väter hat mich zu euch gesandt!, und sie mir sagen werden: Wie ist sein Name?, was soll ich ihnen sagen? 14 Gott sprach zu Mose: **Ich werde sein, der ich sein werde.** Und sprach: So sollst du zu den Israeliten sagen: »Ich werde sein«, der hat mich zu euch gesandt. 15 Und Gott sprach weiter zu Mose: So sollst du zu den Israeliten sagen: Der HERR, der Gott eurer Väter, der Gott Abrahams, der Gott Isaaks, der Gott Jakobs, hat mich zu euch gesandt. Das ist mein Name auf ewig, mit dem man mich anrufen soll von Geschlecht zu Geschlecht.

Zu V. 15: Im Hebräischen steht hier der Gottesname JHWH. Er wird in Vers 14 vom hebräischen Zeitwort für »sein« her gedeutet.

Und Gott redete alle diese Worte: 2 Ich bin der HERR, dein Gott, der ich dich aus Ägyptenland, aus der Knechtschaft, geführt habe. 3 Du sollst keine anderen Götter haben neben mir. 4 Du sollst dir kein Bildnis noch irgendein Abbild machen, weder von dem, was oben im Himmel, noch von dem, was unten auf Erden, noch von dem, was im Wasser unter der Erde ist: 5 Bete sie nicht an und diene ihnen nicht!

Aufgaben:

1. Wie und in welcher Situation stellt sich Gott dem Mose in Ex 3 vor?
2. Stellen Sie Vermutungen über den Sinn des Namens Gottes in V. 14 an. Beziehen Sie dabei den Beginn der Zehn Gebote (Ex 20) in Ihre Überlegungen mit ein.

M 7 Karl Barth: Gott als der »ganz andere«

Alle Göttlichkeiten, die diesseits der durch die Auferstehung gezogenen Linie bleiben, die in Tempeln wohnen, welche von Händen gemacht sind, und die von Menschenhänden bedient werden, alle Göttlichkeiten, die »jemandes bedürfen«, nämlich des Menschen, der sie zu kennen meint, sind nicht Gott. Gott ist der unbekannte Gott. Als solcher gibt er Allen Leben und Odem und alles. Und so ist seine Kraft weder eine Naturkraft, noch eine Seelenkraft, noch irgendeine von den höheren und höchsten Kräften, von denen wir wissen oder möglicherweise wissen könnten, weder ihre oberste, noch ihre Summe, noch ihr Born[1], sondern die Krisis aller Kräfte, das ganz andere, an dem gemessen sie etwas sind und nichts, nichts und etwas, ihr erstes Bewegendes und ihre letzte Ruhe, ihr sie alle aufhebender Ursprung und ihr sie alle begründendes Ziel. Rein und überlegen steht die Kraft Gottes nicht neben und nicht (supranatural) über, sondern jenseits aller bedingt-bedingenden Kräfte, nicht mit ihnen zu verwechseln, nicht an sie anzureihen, nur mit äußerster Vorsicht mit ihnen zu vergleichen. […]

Die Treue Gottes ist es, daß er uns als der ganz andere, als der Heilige mit seinem Nein in so unentrinnbarer Weise entgegentritt und nachgeht. Und der Glaube des Menschen ist die Ehrfurcht, die sich dieses Nein gefallen läßt, der Wille zum Hohlraum, das bewegte Verharren in der Negation.

[1]Born: *Quelle*

Barth, Karl: Der Römerbrief (Zweite Fassung 1922). Zürich [14]1989. S. 12 und 18.

Aufgaben:

1. Was meint Barth, wenn er Gott als den »unbekannten Gott« (Z. 7) bezeichnet?
2. Was bedeutet diese Perspektive Ihrer Meinung nach für den Dialog zwischen Glaube und Naturwissenschaft?

RECHERCHE-PROJEKT

Karl Barth

Zum 100. Geburtstag wurde Karl Barth (1886–1968) mit dieser Briefmarke geehrt. Nutzen Sie externe Quellen wie Internet oder Bibliothek, und suchen Sie Informationen zu Barths Lebenslauf, seiner Rolle im Dritten Reich und zur »Dialektischen Theologie«.

M 8 Karen Armstrong: Plädoyer für Gott

In ihrem Buch Plädoyer für Gott *betont Karen Armstrong die Undefinierbarkeit Gottes, der nicht in Erklärungen gefasst, wohl aber im praktischen Lebensvollzug erfahren werden kann.*

Gibt es keine Möglichkeit, unsere Hingabe an den unbekannten und undefinierbaren Gott zu begründen? [...] Vielleicht liegt die einzige mögliche ›natürliche Theologie‹[1] in der religiösen Erfahrung. Damit meine ich natürlich nicht brennende emotionale Frömmigkeit. Wir haben schon in der Vergangenheit gesehen, dass Gelehrte und spirituelle Persönlichkeiten wenig Zeit für diese Art von religiösem Positivismus hatten. Statt nach religiöser Verzückung zu suchen, schlugen Schleiermacher, Bultmann, Rahner und Lonergan[2] vor, die normalen Vorgänge unseres Geistes zu erforschen und darauf zu achten, wie oft uns diese ganz natürlich in den Bereich der Transzendenz tragen. Statt nach dem zu suchen, was wir Gott ›außerhalb unserer selbst‹ im Kosmos nennen, sollten wir, wie Augustinus, den Blick nach innen richten und uns bewusst werden, wie unsere ganz gewöhnlichen Reaktionen in das übergehen, was ›anders‹ ist.

Wir haben gesehen, wie die der Sprache innewohnende Begrenztheit regelmäßig von Lehrern wie Dionysius Areopagita[3] dazu benutzt wurde, den Gläubigen die Stille bewusst zu machen, der wir auf der anderen Seite der Sprache begegnen. Es ist richtig bemerkt worden, dass Musik, die – wie wir am Anfang dieses Buches schon sahen – eine definitiv rationale Tätigkeit ist, selbst eine Art ›natürliche Theologie‹ ist. In der Musik erfährt der Geist eine reine, direkte Emotion, die das Ich übersteigt und Objektivität und Subjektivität verschmelzen lässt.

Wie schon Basilius[4] erklärt, können wir nie das unaussprechliche Sein *(ousia)* Gottes erkennen, sondern nur flüchtig seine Spuren und Wirkungen *(energeiai)* in unserer an die Zeit und unsere Sinne gebundenen Welt wahrnehmen. Es ist klar, dass Meditation, Yoga und Rituale mit ihrer ästhetischen Wirkung auf die Glaubensgemeinde einen deutlichen Effekt auf die Persönlichkeit haben, wenn sie ein Leben lang regelmäßig praktiziert werden – ein Effekt, der eine weitere Form von natürlicher Theologie darstellt. Es handelt sich dabei um keine spektakuläre Bekehrung durch ›Wiedergeburt‹, sondern um einen langsamen, schrittweisen und unmerklichen Transformationsprozess. Insbesondere ist es die gewohnte und tägliche Praxis von Mitgefühl und der Goldenen Regel[5] welche unsere ständige *kenosis*[6] erfordert. Dieses stete ›Heraustreten‹ aus unseren eigenen Prioritäten, Überzeugungen und Vorurteilen ist eine *ekstasis*[7], aber nicht als strahlende Euphorie, sondern es ist, wie der Konfuzius-Schüler Yan Hui erklärt, in sich selbst die Transzendenz, die wir suchen. Der Effekt dieser Praxis kann uns keine konkrete Information über Gott geben; es ist sicherlich kein wissenschaftlicher ›Beweis‹. Aber irgendetwas Undefinierbares geschieht mit Menschen, die sich einer solchen Art zu leben mit Engagement und Talent widmen. Dieses ›Etwas‹ bleibt allerdings für diejenigen verschwommen, die nicht nach dieser Praxis leben. [...]

Schon fast von Beginn der Menschheit an haben sich Männer und Frauen immer wieder unermüdlich und überzeugt religiösen Tätigkeiten gewidmet. Sie haben Mythen, Rituale und ethische Verhaltensweisen entwickelt, welche für sie das Heilige widerspiegelten, das auf irgendeine unbeschreibliche Weise ihre Menschlichkeit erweiterte und erfüllte. Sie waren nicht einfach deshalb religiös, weil ihre Mythen und Dogmen historisch oder wissenschaftlich zuverlässig waren, weil sie Informationen über die Ursprünge des Kosmos suchten oder weil sie sich nur ein besseres Leben nach dem Diesseits erhofften. Sie wurden nicht von machtgierigen Priestern oder Königen zum Glauben gezwungen; vielmehr hat die Religion oft dabei geholfen, Tyrannei und Unterdrückung dieser Art entgegenzutreten. Der eigentliche Sinn von Religion war es, intensiv und erfüllt im Hier und Jetzt zu leben. Religiöse Menschen sind ambitioniert, sie möchten ein Leben, das von Bedeutung übersprudelt. Sie haben stets versucht, die Momente tiefer Freude und Einsicht in ihr alltägliches Leben zu integrieren, welche sie in Träumen, in kontemplativer Betrachtung der Natur und im Umgang miteinander und mit der Tierwelt erfahren konnten. Statt sich von den Sorgen des Lebens erschlagen zu lassen und bitter zu werden, haben Menschen mitten in ihrem Leiden versucht, sich Frieden und Gelassenheit zu bewahren. Sie sehnten sich nach dem Mut, der den Schrecken der Sterblichkeit überwindet. Statt habgierig und kleinlich zu sein, wollten sie freigiebig, großherzig und gerecht leben und jeden einzelnen Aspekt ihrer Menschlichkeit entdecken. Statt sich als »trübe Tasse« in alltäglichen Routinen zu verlieren, wollten sie sich, wie Konfuzius es formuliert, in ein wunderschönes Ritualgefäß verwandeln, bis an den Rand gefüllt mit der Heiligkeit, welche sie gelernt hatten mitten im Leben zu erkennen. Sie haben versucht, das unaussprechliche Geheimnis zu ehren, welches sie in jedem menschlichen Wesen erahnten und Gesellschaften zu erschaffen, die Einwanderer und Fremde, Arme und Unterdrückte hoch schätzen. Natürlich sind sie oft gescheitert. Aber letztendlich erkannten sie, dass die verschiedenen Aspekte der Religion ihnen dabei halfen, all dies zu verwirklichen.

[1] natürliche Theologie: *der Gedanke, dass sich das Wesen und Wirken Gottes quasi ›ganz offensichtlich‹ aus der Welt und dem Leben selbst heraus erkennen lässt*
[2] Schleiermacher … Lonergan: *Theologen des 19. und 20. Jahrhunderts*
[3] Dionysius Areopagita: *Theologe des frühen Mittelalters*
[4] Basilius von Caesarea: *Kirchenlehrer des 4. Jahrhunderts*
[5] Goldene Regel: *die Idee, Mitmenschen so zu behandeln, wie man selber gern behandelt werden möchte*
[6] kenosis (gr.): *hier: die Zurücknahme seiner selbst zugunsten anderer Menschen und die innere Öffnung hin zu Gott*
[7] ekstasis (gr.): *›Ekstase‹; hier wörtlich: Aus-sich-Heraustreten*

Übersetzt aus: Armstrong, Karen: The Case for God. London 2009. S. 313–316

Aufgaben:

1. Karen Armstrong ist der Meinung, dass Gott - obwohl er undefinierbar ist - durchaus erfahren werden kann. Welche Möglichkeiten der Gotteserfahrung werden im Text genannt?
2. Vergleichen Sie diese Art der Erfahrung mit den Erkenntnismöglichkeiten der Naturwissenschaften.
3. Erläutern Sie, was Karen Armstrong über das Wesen der Religion sagt und welche Erklärungen für Religion sie ablehnt.
4. Armstrong zitiert religiöse Persönlichkeiten aus verschiedenen Traditionen. Kennen Sie selber Beispiele (allgemein bekannte oder solche aus Ihrem persönlichen Lebensumfeld) für Menschen, denen es gelungen ist, ihre Religion so überzeugend zu leben, wie Armstrong es beschreibt?

INFO-BOX

Karen Armstrong

Karen Armstrong (*1944) gehört zu den bekanntesten liberalen Theologen in Großbritannien. In den 1960er Jahren lebte sie sieben Jahre lang als katholische Nonne, verließ dann ihren Orden und hat bis heute zahlreiche Bücher veröffentlicht, für die sie auch international ausgezeichnet wurde.

Bildquelle 23.10.2012: http://www.stpauls.co.uk/Files/downloads/Karen_Armstrong_2_cropped.jpg

M9 Wolfgang Huber: Wissenschaft und Gottesglaube

Der innere Zusammenhang von Wissenschaft und Gottesglauben versteht sich keineswegs von selbst. Gegen ihn steht, wie es scheint, ganz besonders eine zweite kopernikanische Wende, nämlich die kopernikanische Wende Immanuel Kants zum Subjekt als dem unhintergehbaren Ausgangspunkt alles Weltwissens. Besonders folgenreich war es, dass man diesen von Kant vor allem in der »Kritik der reinen Vernunft« vollzogenen Schritt im Sinn einer definitiven Trennung zwischen Weltwissen und Gottesglauben gedeutet hat. Aber Kant stellt mit seinen Worten den Gottesgedanken nicht außerhalb des Denkens; und er besetzt nicht einen dadurch entstehenden, vermeintlich vernunftlosen Raum durch den Glauben. Sondern er befreit den Gottesgedanken aus dem Einzugsbereich des Erfahrungswissens, das sich der Mittel der Beobachtung und des Beweises bedient. Er zeigt, dass Gott den Rahmen unserer raumzeitlich geprägten Weltzugänge prinzipiell übersteigt. Damit wird nicht die Idee Gottes, sondern die Reichweite der Erfahrungswissenschaften eingeschränkt. Die Versuche, Gott als notwendige Ursache aus den Gesetzen der Welt abzuleiten, werden damit hinfällig. Gottes Überlegenheit über die Schöpfung wird dadurch neu zur Sprache gebracht. […]

Dieses Modell der Kompetenzunterscheidung hat sich vielfach bewährt. Aber gerade deshalb müssen auch seine Schwachstellen beachtet werden. Sie bestehen in einer latenten Aufhebung der Beziehung zwischen diesen Denkhorizonten. Naturwissenschaften und Theologie beispielsweise werden dann nebeneinander praktiziert und haben sich nichts mehr zu sagen. Die sie verbindende Frage nach der Wahrheit löst sich in der Pluralität von Erkenntnisebenen auf. Es wird undeutlich, dass sich in der Frage nach einer angemessenen Deutung der Wirklichkeit die Erkenntnisperspektiven der verschiedenen Wissenschaften und Wissensgebiete treffen und überschneiden, auch wenn es angesichts der Bruchstückhaftigkeit menschlicher Erkenntnis keine definitiven Formeln für solche Überschneidungen gibt. Die Unterscheidung der Erkenntnisperspektiven darf also nicht als Scheidung missverstanden werden.

Quelle (18.08.2009): http://www.ekd.de/vortraege/080618_huber_heidelberg.html

Aufgaben:

1. Erklären Sie das »Modell der Kompetenzunterscheidung« (Z. 26 f.) in eigenen Worten.
2. Wo liegt nach Huber der Nutzen des Modells, welche Gefahren birgt es?

RECHERCHE-PROJEKT

Wolfgang Huber

Wolfgang Huber (*1942) war von 2006–2009 Ratsvorsitzender der Evangelischen Kirche in Deutschland. Bekannt ist Huber u. a. auch für seine theologische Positionierung zu Fragen der Embryonenforschung. Informieren Sie sich darüber mit Hilfe externer Quellen (z. B. Bibliothek oder Internet). Wie hängt dieses Schwerpunktthema Hubers mit der Diskussion um Glaube und Naturwissenschaft zusammen?

Bildquelle (23.10.2012): http://www.reformiert-info.de/daten/Image/Bild_Upload_Orig/9626_org.jpg

M 10 Andrew Newberg u. a.: Gott und die Hirnforschung

[U]nser Experiment mit Franziskanerinnen und Praktikern der tibetischen Meditation [hat] gezeigt, daß die Vorgänge, die von Betroffenen als spirituell erlebt wurden, mit einer beobachtbaren neurologischen Aktivität einhergingen. In einem reduktionistischen Sinne könnte dies die These erhärten, religiöse Erfahrung sei lediglich neurologisch projiziert und Gott existiere bloß »in unseren Köpfen«. Das Bild sieht jedoch ganz anders aus, wenn wir vollständiger zu ergründen suchen, wie Gehirn und Geist die Realität erzeugen und erleben.

Stellen Sie sich einmal vor, Sie seien Versuchsperson bei einer Gehirn-Imaging-Studie. Im Rahmen dieser Studie werden Sie gebeten, ein großzügiges Stück hausgemachten Apfelkuchens zu verzehren. Während Sie den Kuchen genießen, macht das Gerät Aufnahmen der neurologischen Aktivitäten in den verschiedenen Verarbeitungsfeldern des Gehirns, in denen Daten Ihrer Sinnesorgane in die spezifischen neuronalen Wahrnehmungen umgewandelt werden, welche die Erfahrung des Kuchenessens ergeben: Felder des Geruchssinns registrieren den köstlichen Duft von Äpfeln und Zimt, visuelle Felder empfangen das Bild der goldbraunen Kruste, Zentren des Tastsinns erkennen die komplexe Mischung aus knusprigen und glitschigen Substanzen, und in den Feldern, die für den Geschmack zuständig sind, werden die kräftigen fruchtigsüßen Aromen verarbeitet. Die SPECT-Bilder[1] würden all diese Vorgänge in der gleichen Weise sichtbar machen wie die Gehirnaktivitäten bei den Übungen der Buddhisten und Nonnen, nämlich als leuchtende Farbflecken auf dem Monitor des Scanners. Im eigentlichen Sinne findet die Erfahrung des Kuchenessens lediglich in Ihrem Kopf statt, doch das bedeutet nicht, daß der Kuchen nicht real wäre oder nicht herrlich schmeckte.

Entsprechend verhält es sich mit der religiösen Erfahrung. Spirituelle Erfahrung auf neurologisches Verhalten zurückzuführen, kann dieser Erfahrung nicht den Aspekt der Wirklichkeit absprechen. Falls Gott tatsächlich existiert und Ihnen in einer bestimmten Inkarnation[2] erscheint, könnten Sie seine Gegenwart lediglich im Rahmen eines neurologisch erzeugten Bildes der Realität erfahren. [...]

Alle Wahrnehmungen existieren im Geist. Der Boden unter Ihren Füßen, der Stuhl, auf dem Sie sitzen, und das Buch in Ihrer Hand mögen allesamt fraglos konkret und real erscheinen; wahrnehmbar sind sie jedoch nur als indirekte neurologische Impulse und Signale, die durch die neuronalen Bahnen innerhalb des Schädels kreisen. Wer spirituelle Erfahrung als »bloße« neurologische Aktivität abtun wollte, müsste auch all den anderen Wahrnehmungen der materiellen Welt durch das eigene Gehirn mißtrauen. Wenn wir aber unseren Wahrnehmungen der dinglichen Welt trauen, haben wir keinen triftigen Grund spirituelle Erfahrung zu einer Fiktion zu erklären, die »nur« im Kopf existiert.

[1] SPECT: *Abk. für Single Photon Emission Computed Tomography, ein bildgebendes Verfahren in der Hirnforschung*
[2] Inkarnation: *hier: Erscheinungsform*

Newberg, A. et al. Der gedachte Gott: Wie Glaube im Gehirn entsteht. München ²2005. S. 56 f. und 200 f.

1. Überlegen Sie genauer, wie eine »reduktionistische« Sicht (Z. 5 ff.) darauf aussehen könnte, dass religiöse Erfahrungen im Gehirn als einem menschlichen Organ entstehen.
2. Welche Bedeutung hat für Newberg u. a. der hirnphysiologische Nachweis religiöser Aktivität für die Frage nach Gott?

Baustein 4: Weltentstehung und Schöpfung

Der vierte Baustein dieses Heftes stellt einen Themenkomplex in den Mittelpunkt, an dem die Diskussion um die Vereinbarkeit von Glaube und Naturwissenschaft in besonderem Maße relevant wird: Die Entstehung der Welt. Die Frage danach wird nicht nur in den USA gestellt, wenn konservativ-evangelikale Gruppen fordern, die Evolutionslehre aus den Schullehrplänen zu streichen. In anderer Form begegnet sie uns auch hier, wenn Menschen mehr oder weniger explizit die Meinung vertreten, die Bibel sei doch längst durch die Wissenschaft »widerlegt«.

Wir treten hier anhand einer sehr konkreten Fragestellung in den Dialog zwischen Glaube und Naturwissenschaft ein. Der vierte Baustein wird verschiedene Perspektiven zum Thema in den Blick nehmen und zu einander in Beziehung setzen. Er beginnt mit Texten von zwei Naturwissenschaftlern (**M 1** und **M 3**). Der Physiker Stephen Hawking (*1942) ist uns bereits im ersten Baustein begegnet. Er stellt Überlegungen zur Weltentstehung aus naturwissenschaftlicher Sicht an. Richard Dawkins (*1941) ist Evolutionsbiologe und war bis 2008 Professor an der Universität Oxford, GB. Er vertritt in der Öffentlichkeit eine dezidiert religionskritische Position. Mit seinem Buch *Der Gotteswahn* stieß Dawkins 2006 eine kontroverse Diskussion um das Thema Naturwissenschaft und Glaube an. Dem Text **M 3** ist ein Foto **(M 2)** vorangestellt, das die Diskussion um die Frage nach der Ordnung in der Natur fokussiert.

Diesen Materialien wird der erste Schöpfungsbericht der Bibel **(M 4)** zur Seite gestellt. Hier wird es auch darum gehen, der Bedeutung biblischer Schöpfungsaussagen nachzugehen, u. a. vor dem Hintergrund spezifisch religiöser Sprachformen »als Ausdruck existentieller Erfahrungen« (EPA). Hier sind auch der Text **M 6** von Hans Küng (*1928) und die Übung in **M 7** zu verorten.

Die Abbildung des Freskos aus der Sixtinischen Kapelle **(M 5)** fokussiert die Frage nach der Bildhaftigkeit biblischer Aussagen anhand künstlerischer Ausdrucksformen von Religion. Der italienische Maler Michelangelo (*1475, †1564) schuf dieses Deckenfresko in Rom in den Jahren 1508–12.

In **M 8** wird Gerd Theißen (*1943, zur Person s. S. 43) anhand des Stichwortes »Evolution« auf das Verhältnis naturwissenschaftlicher und religiöser Weltdeutung zurückblicken. Theißen war bis 2008 Professor für Neutestamentliche Theologie an der Universität Heidelberg. In **M 9** wird eine ganz andere religiöse Sicht auf die Entstehung der Welt vorgestellt. Es handelt sich um einen Auszug aus dem hinduistischen Ṛg Veda.

Der Baustein, und mit ihm die Themenreihe, schließt mit einer Übung zur Kompetenzsicherung **(M 10).** Anhand eines Textes der Evangelischen Kirche in Deutschland (EKD) können hier erworbene Fertigkeiten und Kenntnisse zum Dialog zwischen Naturwissenschaft und Glaube angewendet und anschließend anhand von Lösungsvorschlägen selbst evaluiert werden.

M 1 Stephen Hawking: Weltentstehung ohne Gott?

Der Erfolg wissenschaftlicher Theorien, vor allem der Newton'schen Gravitationstheorie, verleitete den Marquis de Laplace zu Beginn des 19. Jahrhunderts zu der Behauptung, das Universum sei vollständig deterministisch. Laplace war der Meinung, es müsse ein System wissenschaftlicher Gesetze geben, das uns – zumindest theoretisch – ermöglichen würde, alles vorherzusagen, was im Universum geschehe. Der einzige Input, den diese Gesetze brauchten, sei die vollständige Kenntnis vom Zustand des Universums zu einem beliebigen Moment. Das ist die sogenannte »Anfangs-« oder »Randbedingung«. (Ein Rand kann dabei eine Grenze im Raum oder in der Zeit bedeuten; eine Randbedingung im Raum ist der Zustand des Universums an seiner äußersten Grenze – wenn es sie denn gibt.) […]

Aus Gründen, die wir oben dargelegt haben, glauben wir, dass es das Universum nicht seit ewigen Zeiten gibt. […] Die Naturgesetze mögen ursprünglich von Gott gefügt worden sein, doch anscheinend hat er seither die Entwicklung des Universums diesen Gesetzen überlassen und sich selbst aller Eingriffe enthalten. Wie hat er den Anfangszustand oder die Konfiguration des Universums gewählt? Was waren die Randbedingungen am Anfang der Zeit? In der klassischen allgemeinen Relativitätstheorie ist das ein Problem, weil sie am Anfang des Universums ihre Gültigkeit einbüßt.

Wenn diese Überlegungen zutreffen, eröffnet sich in der Quantentheorie der Gravitation eine neue Möglichkeit, die das Problem lösen könnte. In der Quantentheorie kann die Raumzeit von endlicher Ausdehnung sein und muss trotzdem keine Singularitäten besitzen, die eine Grenze oder einen Rand bilden. Die Raumzeit wäre wie die Erdoberfläche, nur dass sie zwei Dimensionen mehr hätte. Wenn Sie unablässig in einer bestimmten Richtung auf der Erdoberfläche reisen, stoßen Sie, wie gesagt, nie an ein unüberwindliches Hindernis oder fallen über den Rand. Vielmehr kehren Sie irgendwann an Ihren Ausgangspunkt zurück, ohne dabei auf eine Singularität getroffen zu sein. Wenn diese Beschreibung richtig ist, eröffnet die Quantentheorie der Gravitation die neue Möglichkeit, dass es keine Singularitäten gibt, an denen die physikalischen Gesetze zusammenbrechen.

Falls die Raumzeit keinen Rand hat, ist es nicht notwendig, das Verhalten am Rand anzugeben – den Anfangszustand des Universums zu kennen. Es gäbe keinen Raumzeitrand, an dem man sich auf Gott oder irgendein neues Gesetz berufen müsste, um die Grenzbedingungen der Raumzeit festzulegen. Man könnte einfach sagen: »Die Randbedingung des Universums ist, dass es keinen Rand hat.« Das Universum wäre völlig in sich abgeschlossen und keinerlei äußeren Einflüssen unterworfen. Es wäre weder erschaffen, noch zerstörbar. Es würde einfach SEIN. Solange wir glaubten, das Universum habe einen Anfang, schien die Rolle des Schöpfers klar zu sein. Doch wenn das Universum völlig in sich abgeschlossen ist, ohne Grenze oder Rand, ohne Anfang und Ende, ist die Antwort nicht mehr so offenkundig: Welche Aufgabe bleibt dann einem Schöpfer?

Hawking, Stephen/Mlodinow, Leonard: Die kürzeste Geschichte der Zeit. Reinbek 2006. S. 101, 120 f.

Aufgaben:

1. Inwieweit stellt Hawkings Modell der Weltentstehung ohne Gott den Glauben in Frage?
2. Wie würden Sie Hawkings Frage am Ende des Textes (Z. 60 f.) beantworten?

M 2 Der Grand Canyon

Bildquelle (17.11.2012): http://upload.wikimedia.org/wikipedia/commons/a/ad/Grand_Canyon_%282%29.jpg

Aufgaben:

1. Der Grand Canyon gilt als ein besonders herausragendes Naturphänomen. Tauschen Sie sich in Gruppen aus: Kennen Sie andere beeindruckende Erfahrungen mit der Natur?
2. Vielen Menschen gelten die Ordnung und die Schönheit der Natur als Beleg für die Existenz eines Schöpfers. Diskutieren Sie in Ihrer Gruppe, inwieweit Sie dieses Argument überzeugt.

M 3 Richard Dawkins: Warum es mit ziemlicher Sicherheit keinen Gott gibt

In seinem Buch Der Gotteswahn *vertritt R. Dawkins die Ansicht, die Gottesfrage lasse sich prinzipiell wissenschaftlich überprüfen. Er definiert Gott als »eine übermenschliche, übernatürliche Intelligenz, die das Universum und alles, was darin ist, einschließlich unser selbst, absichtlich gestaltet und geschaffen hat«. Diejenigen, die an einen solchen Gott glauben, werden Theisten genannt (S. 46).*

Beim Unwahrscheinlichkeitsargument – es ist im traditionellen Gewand des Gestaltungsarguments die heute mit Abstand beliebteste Begründung für die Existenz Gottes – geht es ums Ganze. Eine erstaunlich große Zahl von Theisten hält dieses Argument für völlig überzeugend, und es ist ja auch sehr stichhaltig und lässt sich kaum widerlegen. Allerdings verläuft seine Stoßrichtung nicht so, wie die Theisten wollen, sondern genau umgekehrt. Richtig angewandt, kommt das Unwahrscheinlichkeitsargument nämlich einem Beweis, dass Gott *nicht* existiert, sehr nahe.

Die falsche Vereinnahmung des Unwahrscheinlichkeitsarguments durch die Kreationisten[1] hat die immer gleiche allgemeine Form [...]. Stets wird ein Phänomen, das man beobachtet – häufig ein Lebewesen oder eines seiner komplizierten Organe, manchmal aber auch alles mögliche andere vom Molekül bis zum ganzen Universum – , zu Recht als statistisch unwahrscheinlich herausgestellt. Manchmal bedient man sich der Sprache der Informatik: dann soll der Darwinist erklären, woher die vielen Informationen in den Lebewesen stammen, wobei der Informationsgehalt im fachsprachlichen Sinn als Maß für die Unwahrscheinlichkeit oder den »Überraschungswert« herangezogen wird. Oder man bedient sich des abgedroschenen Mottos der Wirtschaftswissenschaftler: Nichts ist umsonst, von nichts kommt nichts – und wirft dem Darwinismus vor, er wolle etwas umsonst bekommen. Wie ich jedoch in diesem Kapitel nachweisen werde, ist die Darwin'sche natürliche Selektion die einzige bekannte Antwort auf die ansonsten unlösbare Frage, woher die Informationen stammen. Und dann wird sich herausstellen, dass es ausgerechnet die Gotteshypothese ist, die versucht, etwas umsonst zu bekommen. Das Gebilde, das man durch die Berufung auf einen Gestalter erklären will, mag noch so unwahrscheinlich sein, der Gestalter selbst ist es mindestens ebenso. [...]

Die Wissenschaft hat gewisse Schwierigkeiten, X zu erklären? Kein Problem. Man sollte X keines Blickes mehr würdigen. Wir berufen uns einfach auf Gottes unendliche Macht und erklären X (genau wie alles andere) ganz mühelos; das ist immer eine höchst *einfache* Erklärung, denn schließlich gibt es ja nur einen Gott. Was könnte einfacher sein?

Nun ja, in Wirklichkeit fast alles. Ein Gott, der ständig den Zustand eines jeden Teilchens im Universum überwacht und kontrolliert, *kann nicht* einfach sein. Seine Existenz erfordert schon als solche eine ungeheuer umfangreiche Erklärung. [...]

Wenn Gott den Menschen tatsächlich etwas mitteilt, liegt diese Tatsache ganz eindeutig nicht außerhalb der Naturwissenschaft. Gott platzt aus seinem wie auch immer gearteten außerweltlichen Revier, das sein gewöhnlicher Aufenthaltsort ist, in unsere Welt, wo seine Mitteilungen von menschlichen Gehirnen aufgenommen werden können – und dieses Phänomen soll nichts mit Wissenschaft zu tun haben? Und zweitens: Ein Gott, der an Millionen Menschen zur gleichen Zeit verständliche Signale sendet und von allen gleichzeitig Signale empfängt, kann bei allen Eigenschaften, die er sonst noch besitzt, nicht einfach sein.

[1] Kreationisten: *Kreationisten halten die Schöpfungsberichte der Bibel im wörtlichen Sinne für eine faktisch genaue Erklärung der Weltentstehung.*

Dawkins, Richard: Der Gotteswahn. Berlin [7]2007. S. 155–157 und 210–217

Aufgaben:

1. Erklären Sie in eigenen Worten, welche Vorstellung von Gott Dawkins im Text kritisiert.
2. Warum spricht nach Dawkins das Unwahrscheinlichkeitsargument nicht für, sondern gegen die Existenz Gottes?
3. Analysieren Sie, wie Dawkins die Sprache einsetzt, um seine Leser zu überzeugen.

RECHERCHE-PROJEKT

Richard Dawkins

Mit seinem Buch *Der Gotteswahn* stieß Richard Dawkins 2006 eine kontroverse Diskussion um das Thema Naturwissenschaft und Glaube an. Nutzen Sie externe Quellen wie Bibliothek oder Internet, um mehr darüber herauszufinden. Stellen Sie Ihre Ergebnisse im Plenum vor.

Bildquelle: Wikimedia Commons

M4 Genesis 1,1–2,4a: Die Schöpfung

1 Am Anfang schuf Gott Himmel und Erde. 2 Und die Erde war wüst und leer, und es war finster auf der Tiefe; und der Geist Gottes schwebte auf dem Wasser. 3 Und Gott sprach: Es werde Licht! Und es ward Licht. 4 Und Gott sah, dass das Licht gut war. Da schied Gott das Licht von der Finsternis 5 und nannte das Licht Tag und die Finsternis Nacht. Da ward aus Abend und Morgen der erste Tag. 6 Und Gott sprach: Es werde eine Feste zwischen den Wassern, die da scheide zwischen den Wassern. 7 Da machte Gott die Feste und schied das Wasser unter der Feste von dem Wasser über der Feste. Und es geschah so. 8 Und Gott nannte die Feste Himmel. Da ward aus Abend und Morgen der zweite Tag. 9 Und Gott sprach: Es sammle sich das Wasser unter dem Himmel an besondere Orte, dass man das Trockene sehe. Und es geschah so. 10 Und Gott nannte das Trockene Erde, und die Sammlung der Wasser nannte er Meer. Und Gott sah, dass es gut war. 11 Und Gott sprach: Es lasse die Erde aufgehen Gras und Kraut, das Samen bringe, und fruchtbare Bäume auf Erden, die ein jeder nach seiner Art Früchte tragen, in denen ihr Same ist. Und es geschah so. 12 Und die Erde ließ aufgehen Gras und Kraut, das Samen bringt, ein jedes nach seiner Art, und Bäume, die da Früchte tragen, in denen ihr Same ist, ein jeder nach seiner Art. Und Gott sah, dass es gut war. 13 Da ward aus Abend und Morgen der dritte Tag. 14 Und Gott sprach: Es werden Lichter an der Feste des Himmels, die da scheiden Tag und Nacht und geben Zeichen, Zeiten, Tage und Jahre 15 und seien Lichter an der Feste des Himmels, dass sie scheinen auf die Erde. Und es geschah so. 16 Und Gott machte zwei große Lichter: ein großes Licht, das den Tag regiere, und ein kleines Licht, das die Nacht regiere, dazu auch die Sterne. 17 Und Gott setzte sie an die Feste des Himmels, dass sie schienen auf die Erde 18 und den Tag und die Nacht regierten und schieden Licht und Finsternis. Und Gott sah, dass es gut war. 19 Da ward aus Abend und Morgen der vierte Tag. 20 Und Gott sprach: Es wimmle das Wasser von lebendigem Getier, und Vögel sollen fliegen auf Erden unter der Feste des Himmels. 21 Und Gott schuf große Walfische und alles Getier, das da lebt und webt, davon das Wasser wimmelt, ein jedes nach seiner Art, und alle gefiederten Vögel, einen jeden nach seiner Art. Und Gott sah, dass es gut war. 22 Und Gott segnete sie und sprach: Seid fruchtbar und mehret euch und erfüllet das Wasser im Meer, und die Vögel sollen sich mehren auf Erden. 23 Da ward aus Abend und Morgen der fünfte Tag. 24 Und Gott sprach: Die Erde bringe hervor lebendiges Getier, ein jedes nach seiner Art: Vieh, Gewürm und Tiere des Feldes, ein jedes nach seiner Art. Und es geschah so. 25 Und Gott machte die Tiere des Feldes, ein jedes nach seiner Art, und das Vieh nach seiner Art und alles Gewürm des Erdbodens nach seiner Art. Und Gott sah, dass es gut war. 26 Und Gott sprach: Lasset uns Menschen machen, ein Bild, das uns gleich sei, die da herrschen über die Fische im Meer und über die Vögel unter dem Himmel und über das Vieh und über alle Tiere des Feldes und über alles Gewürm, das auf Erden kriecht. 27 Und **Gott schuf den Menschen zu seinem Bilde, zum Bilde Gottes schuf er ihn; und schuf sie als Mann und Frau.** 28 Und Gott segnete sie und sprach zu ihnen: Seid fruchtbar und mehret euch und füllet die Erde und machet sie euch untertan und herrschet über die Fische im Meer und über die Vögel unter dem Himmel und über das Vieh und über alles Getier, das auf Erden kriecht. 29 Und Gott sprach: Sehet da, ich habe euch gegeben alle Pflanzen, die Samen bringen, auf der ganzen Erde, und alle Bäume mit Früchten, die Samen bringen, zu eurer Speise. 30 Aber allen Tieren auf Erden und allen Vögeln unter dem Himmel und allem Gewürm, das auf Erden lebt, habe ich alles grüne Kraut zur Nahrung gegeben. Und es geschah so. 31 Und **Gott sah an alles, was er gemacht hatte, und siehe, es war sehr gut.** Da ward aus Abend und Morgen der sechste Tag. 1 So wurden vollendet Himmel und Erde mit ihrem ganzen Heer. 2 Und so vollendete Gott am siebenten Tage seine Werke, die er machte, und ruhte am siebenten Tage von allen seinen Werken, die er gemacht hatte. 3 Und Gott segnete den siebenten Tag und heiligte ihn, weil er an ihm ruhte von allen seinen Werken, die Gott geschaffen und gemacht hatte. 4 So sind Himmel und Erde geworden, als sie geschaffen wurden.

Aufgaben:

1. Machen Sie sich zu zweit Notizen über Ihre ersten Eindrücke vom Text. Markieren Sie Fragen mit einem »?«, Zustimmung oder Erkenntnisgewinn mit einem »!« und Widerspruch mit einem »Blitz«. Klären Sie ihre Eindrücke in der Gruppe oder im Plenum.
2. Vergleichen Sie den Text aus Gen 1 f. mit dem Text Stephen Hawkings **(M 1).** Beachten Sie dabei Inhalt (Aussagen) und Form (Art) des Textes.

M 5 Michelangelo: Die Erschaffung Adams

Bildquelle (13.11.2012): http://arssacre.rpivirtuell.net/artothek/arssacra/credo/kunst_credo/zmich.jpg

Aufgaben:

1. Der folgende Text **(M 6)** wird noch auf Michelangelos Fresko Bezug nehmen. Beschreiben Sie zunächst Ihre spontanen Eindrücke der Darstellung.
2. Welche Aussagen über Gott und den Menschen könnte Michelangelo in dieser bildhaften Darstellung verfolgt haben? Begründen Sie Ihre Meinung anhand der Bildelemente in **M 5.**

M 6 Hans Küng: Schöpfungsglaube im Zeitalter der Kosmologie

Die Sprache der **Bibel** ist keine naturwissenschaftliche Faktensprache, sondern eine metaphorische Bildersprache. Die Bibel will keine naturwissenschaftlichen Fakten konstatieren, sie will deuten. Die beiden biblischen Schöpfungsberichte – der erste geschrieben um 900 und der zweite um 500 v. Chr. – geben keine Auskunft über die Entstehung des Universums im modernen naturwissenschaftlichen Sinn. Aber: Sie geben ein **Glaubenszeugnis** über sein letztes Woher, das die Naturwissenschaft weder bestätigen noch widerlegen kann. Und das Zeugnis lautet: Am Anfang der Welt stehen nicht Zufall und Willkür, nicht ein Dämon oder blinde Energie, sondern steht Gott selbst, seine gute Absicht mit der Schöpfung. Dieser Gott braucht weder als der große Baumeister noch als der kluge Uhrmacher verstanden zu werden, der die Dinge von außen perfekt zusammenfügt und ihre Ordnung völlig determiniert. [...]

Das Glaubenszeugnis der biblischen Schöpfungsberichte wie auch die Fresken Michelangelos beantworten in Bildern und Gleichnissen ihrer Zeit Fragen, die auch für den Menschen von heute unabweisbar sind und welche die Naturwissenschaft mit ihrer Methode und Sprache nicht beantworten kann. Und dies ist die Botschaft der ersten Seite der Bibel:

- Der gute Gott ist der Ursprung von allem und jedem.
- Er steht mit keinem bösen oder dämonischen Gegenprinzip in Konkurrenz.
- Die Welt im Ganzen und im Einzelnen, auch die Nacht, auch die Materie, auch niedriges Getier, auch Menschenleib und Geschlechtlichkeit sind grundsätzlich gut.
- Schon des guten Gottes Schöpfung bedeutet seine gnädige Zuwendung zu Welt und Mensch.
- Der Mensch also ist das Ziel des Schöpfungsprozesses, und gerade deshalb ist er für die Pflege seiner Um-Welt, der Natur, verantwortlich.

Damit ist deutlich geworden: An den einen Gott zu glauben, der Himmel und Erde, eben das ganze Universum, geschaffen hat, heißt nicht, sich für das eine oder andere Weltmodell, die eine oder andere Kosmostheorie (sie mögen richtig oder falsch sein) zu entscheiden. Geht es doch, wenn von **Gott** die Rede ist, um die **Voraussetzung** aller Weltmodelle und der Welt überhaupt. An Gott, den Schöpfer des Himmels und der Erde, glauben, heißt also nicht, an irgendwelche Mythen der Vorzeit zu glauben, heißt auch nicht, Gottes Schöpfersein in der Weise so für wahr zu halten, wie Michelangelo es an die Decke der Sixtina gemalt hat. Hier enden alle Vorstellungen. Und Bilder bleiben – Bilder.

An den Schöpfer der Welt glauben, heißt, in aufgeklärtem Vertrauen bejahen, daß Welt und Mensch nicht im letzten Woher unerklärlich bleiben, daß Welt und Mensch nicht sinnlos aus dem Nichts ins Nichts geworfen sind, sondern daß sie als Ganzes sinnvoll und wertvoll sind, nicht nur Chaos, sondern Kosmos: weil sie nun einmal in Gott als ihrem Urgrund, Urheber, Schöpfer eine erste und letzte Geborgenheit haben. Und dieser entscheidende Gedanke kommt auch auf den Bildern des großen Michelangelo zum Ausdruck.

Küng, Hans: Einführung in den christlichen Glauben. München 1992/2006, S. 33–35

Aufgaben:

1. Welche Konsequenzen für das Verständnis der Schöpfungsberichte hat es, wenn man mit Küng annimmt, dass die »Sprache der Bibel [...] keine naturwissenschaftliche Faktensprache« ist (Z. 1 f.)?
2. Was meint Küng, wenn er vom Schöpfungsglauben als vernünftigem, »aufgeklärtem Vertrauen« spricht (Z. 53)? Diskutieren Sie, inwieweit ein solches Vertrauen tatsächlich vernünftig und aufgeklärt sein kann.

M 7 Biblische Schöpfungsaussagen

Thesen	Schöpfungsaussagen
A. Der Mensch ist ein soziales Wesen: Die Gemeinschaft mit anderen tut ihm gut.	1. Am Anfang schuf Gott Himmel und Erde. *Gen 1,1*
B. Der Mensch kann dankbar für die Schöpfung sein und sich daran erfreuen.	2. Und Gott sprach: Es werden Lichter an der Feste des Himmels, die da scheiden Tag und Nacht. *Gen 1,14*
C. Jeder Mensch ist von Gott gut geschaffen.	3. Gott schuf den Menschen zu seinem Bilde, zum Bilde Gottes schuf er ihn. *Gen 1,27*
D. Die Welt als Schöpfung ist von Grund auf gut.	4. Und Gott schuf sie als Mann und Frau. *Gen 1,27*
E. In allen Menschen lässt sich etwas von Gott erkennen. Darum haben alle Menschen eine gleiche Würde, Männer und Frauen.	5. Und Gott sprach: Sehet da, ich habe euch gegeben alle Pflanzen, die Samen bringen, auf der ganzen Erde, und alle Bäume mit Früchten, die Samen bringen, zu eurer Speise. *Gen 1,29*
F. Die Himmelskörper strukturieren unsere Zeit. Sie sind aber keine eigenen Götter, wie es in vielen antiken Religionen angenommen wurde, sondern gehören zu der vom einzigen Gott erschaffenen Welt.	6. Und Gott sah an alles, was er gemacht hatte. Und siehe: Es war sehr gut. *Gen 1,31*
G. Die Welt ist nicht zufällig entstanden, sondern ein Geschenk Gottes.	7. Und Gott segnete den siebenten Tag und heiligte ihn, weil er an ihm ruhte von allen seinen Werken, die Gott geschaffen und gemacht hatte. *Gen 2,3*
H. Trotz aller realen Gewalt in der Schöpfung gibt es die Vision einer Welt ohne Blutvergießen	8. Und Gott der HERR nahm den Menschen und setzte ihn in den Garten Eden, dass er ihn bebaute und bewahrte. *Gen 2,15*
I. Eine andere Unterscheidung nennt der Schöpfungsbericht nicht: Gott teilt die Menschen nicht in arm und reich, behindert und nicht behindert, Europäer oder Asiaten etc. ein.	9. Und Gott der HERR sprach: Es ist nicht gut, dass der Mensch allein sei. *Gen 2,18*
J. Der Mensch kann die Schöpfung nutzen, soll sie aber auch erhalten.	10. HERR, wie sind deine Werke so groß und viel! Du hast sie alle weise geordnet, und die Erde ist voll deiner Güter. *Ps 104,24*
K. Der Mensch ist nicht allein zum Arbeiten und Funktionieren in der Welt, zu gutem Leben gehören auch Feiern und Ausruhen.	11. Du hast meine Nieren bereitet und hast mich gebildet im Mutterleibe. Ich danke dir dafür, dass ich wunderbar gemacht bin. *Ps 139,13–14*

Aufgaben:
1. Ordnen Sie die Thesen links den entsprechenden Bibelstellen auf der rechten Seite zu!
2. Wie verhalten sich die Thesen links zu naturwissenschaftlichen Aussagen?

M 8 Gerd Theißen: Evolution und Religion

Wenn wir uns auf die Evolutionstheorie im strikt biologischen Sinn konzentrieren, so erschüttert schon sie die Theologie in vierfacher Weise:

I. Sie entthront den *Menschen*. Er verliert seine Mittelpunktstelle als Krönung der Schöpfung. Er stammt nicht direkt von Gottes Hand, sondern von höheren Primaten ab. Möglicherweise ist er nur ein Übergang. An die Stelle der Gottesebenbildlichkeit schien die Affenebenbildlichkeit des Menschen zu treten.

II. Sie entzaubert die *Schöpfung*. Hinter der Anpassung der Arten an die Umwelt steht kein zweckmäßiges Handeln, sondern Zufall und Notwendigkeit erklären die Zunahme von Organisation und Komplexität des Lebens. Die Evolutionslehre deutet die Welt ohne Teleologie (d.h. ohne Ausrichtung auf einen Zweck oder einen Sinn).

III. Sie untergräbt die *Ethik*. In der Natur setzt sich das Lebenstüchtigere ohne Rücksicht auf schwächere Lebensformen durch. Mitmenschlichkeit scheint eine Illusion im »struggle for life« zu sein. Der »Sozialdarwinismus«, der Darwins Intentionen widerspricht, diente zur Rechtfertigung von Rassenpolitik und lebt in manchen neo-liberalen Ideen weiter.

IV. Die Evolutionstheorie erklärt die Welt ohne *Gott*. Zwar versucht man immer wieder, unerklärte Räume als Orte für das Eingreifen Gottes zu reservieren, z. B. die Entstehung des ersten Lebens oder des Menschen. Aber diese Räume verschwinden. Wir können immer besser erklären, was unerklärbar schien. Biologie und Naturwissenschaft zwingen uns, neu über Gottes Handeln in der Welt [nachzu] denken. […]

Der Frieden zwischen Religion und Naturwissenschaft ist in einem gewissen Konsens begründet, dass Naturwissenschaft und Religion verschiedene Fragen stellen: Die Naturwissenschaft fragt nach dem Faktischen, die Theologie nach Sinn und Wert. Die Naturwissenschaften geben ihre Antworten in einer mathematischen Sprache, die Religion in bildlicher Sprache. Aber es gibt Berührungspunkte: Religion bezieht sich auf das Ganze der Wirklichkeit – und nimmt dies Ganze als Schöpfung wahr. Sie schließt in diese Schöpfung die von der Naturwissenschaft erkannte Natur ein. Die Naturwissenschaft wiederum hat implizite Voraussetzungen – z. B. die Erkennbarkeit der Welt mit Hilfe der Mathematik –, die Gegenstand religiösen Staunens sein können. Trotz verschiedener Fragestellungen und unterschiedlicher Sprachsysteme stehen Naturwissenschaft und Religion in einem Dialog. […]

Wenn man naturwissenschaftliche Welterklärungen mit theologischen Weltdeutungen ins Gespräch bringen will, gibt es zwei Möglichkeiten: Die erste besteht darin, die naturwissenschaftlichen Ergebnisse religiös zu deuten (was den Vorwurf einbringt, man wiederhole sie nur und gebe ihnen in unzulässiger Weise eine religiöse Färbung). Aber die Naturwissenschaft beschränkt sich asketisch aufs Erkennen. Sie klammert die emotionale und motivationale Bedeutung des Erkannten aus. Dessen religiöse Deutung hat daher ein Proprium[1]: Sie arbeitet die menschliche Bedeutung des Erkannten heraus! Aber ein kosmo-religiöses Staunen über die Ordnung in der Natur lässt oft über das wissenschaftlich Zugängliche hinaus mehr ahnen: Es schafft Verständnis für die traditionelle Sprache der Religion, für Lob und Dank des Schöpfers. Vor allem aber verleiht es der Welt eine kognitive Transparenz für Transzendenz!

Daher stellt sich die zweite Aufgabe, traditionelle theologische Aussagen über Transzendenz so zu formulieren, dass sie mit den Naturwissenschaften nicht in Spannung stehen – ohne dabei die Lücken des Nichtwissens auszunutzen, die sich unserem jetzigen Erkenntnisstand bieten. Wir müssen nach etwas suchen, das unbezweifelbar existiert und in jeder naturwissenschaftlichen Erkenntnis vorausgesetzt wird und sich ihr doch prinzipiell entzieht. Solche Transzendenz gibt es mitten im Leben. […]

[Theißen illustriert dies am Beispiel der Liebe:] Die Religion könnte in ihrem biologischen »Nutzwert« der erotischen Verliebtheit durchaus vergleichbar sein. Die Erkenntnis, dass Eros[2] zur Erhaltung unserer Art beiträgt, ist ja auch ohne soziobiologische Theorien plausibel. Über Wahrheit und Unwahrheit dessen, was die Augen der Verliebten wahrnehmen, ist damit nichts gesagt. Vielleicht erschließen sich ihnen Aspekte der Welt, über die wir sonst zu Unrecht hinwegsehen. Religion ist ein Eros zum Sein, in der uns etwas von der Tiefe der Wirklichkeit aufgeht, die wir sonst nicht wahrnehmen. In der Religion sehen die »Augen des Herzens« (Eph 1,18) mit Kategorien, die

in unserem Gehirn tief verwurzelt und evolutionär entstanden sind. Entscheidend ist: Sie sehen etwas. Sie sehen es aufgrund einer inneren Verwandlung des Menschen, wie wir es am intensivsten in der Liebe erfahren.

[1] Proprium: *etwas Eigenes, Besonderes*
[2] Eros (griech.): *Liebe*

Theißen, Gerd: »Evolution«.
In: Wabbel, Tobias Daniel (Hg.): Im Anfang war (k)ein Gott: Naturwissenschaftliche und theologische Perspektiven. © Patmos Verlag der Schwabenverlag AG, Ostfildern 2004. www.verlagsgruppe-patmos.de, S. 147–158

Aufgaben:

1. Erläutern Sie in eigenen Worten die Begriffe »Schöpfung« und »Evolution« als zwei Perspektiven auf die eine Weltentstehung.
2. Wenden Sie die Überlegungen Theißens an, indem Sie über den Text hinaus die beiden Perspektiven von Naturwissenschaft und Religion an einem anderen Beispiel als dem der Liebe illustrieren.

INFO-BOX

Gerd Theißen
Gerd Theißen (*1943) war Lehrer für die Fächer Deutsch und Religion in Bonn und lehrte Theologie an den Universitäten Bonn, Kopenhagen und Heidelberg. Seine Forschungsschwerpunkte umfassen u. a. die Frage nach dem historischen Jesus und die Sozialgeschichte des Urchristentums.

Bildquelle 23.10.2012: http://www.bildungszentrum-heidelberg.de/Archiv-Dialog-im-Stift.2191.0.html

M9 Ṛg Veda X,129: Weltentstehung im Hinduismus

Im Ṛgveda[1] und dann zunehmend beliebt ist die Vorstellung, daß sich das ursprüngliche Eine aus einer anfangslosen, eigenschaftslosen Urmaterie entfaltet, daß etwa Prajāpati[2] denkt, er möchte ein Zweites sein. Dadurch ist Gott in allem, und es gibt nicht ein Zweites außer dem Einen, das sich selbst entfaltet hat. [...]

Wie es scheint, gibt es nicht ein Nichts neben dem absoluten Einen, keinen Bereich, der nicht von dem Einen (Göttlichen) durchdrungen ist. Gott ist dadurch nicht der ganz andere, sondern eine Identität zwischen Einzelnem und Absolutem, die nur durch Illusion nicht erkannt wird.

Wie tastend solche Fragen gestellt werden, verdeutlicht ein berühmter Hymnus vom Ursprung der Welt im Ṛgveda:

Damals war weder Nichtsein noch Sein. Nicht gab es den Raum, noch auch den Himmel jenseits davon. Was wehte hin und her? Wo? Unter wessen Schutz? Was war das unergründlich tiefe (Süß-)Wasser? Weder gab es damals Tod noch Unsterblichkeit, nicht auch die Erscheinung von Tag und Nacht. Es atmete, ohne Wind zu machen, das Eine aus Vergnügen. Außer diesem gab es nicht ein anderes. Finsternis war am Anfang durch Finsternis versteckt. Diese ganze Welt war eine einzige (Salz-)Flut. Doch der (Lebens-)Keim, der von Leere eingeschlossen war, das Eine (also), kam zur Geburt durch (seine) Hitze. Über dieses kam am Anfang ein Begehren, der erste Same des Denkens. So fanden die Dichter-Seher durch Versenkung, in ihrem Herzen forschend die Nabelschnur des Seienden im Nichtseienden. Quer hindurch war ihre Meßschnur gespannt. Gab es unten, gab es oben? Es waren Besamer, es war Entfaltung. Unten war Trieb, oben Gewährung. Wer weiß gewiß, wer kann es hier erklären, wann sie entstanden ist, woher die Emanation[3] (der Welt) ist? Die Götter sind später als die Emanation dieser Welt. Wer weiß also, woher sie gekommen ist? Woher diese Emanation ist, ob er sie gemacht hat oder nicht? Der Aufseher im höchsten Himmel, der allein weiß es, oder weiß er es nicht?

[1] Ṛgveda/Ṛg Veda: *ca. 3000 Jahre alter hinduistischer Text*
[2] Prajāpati: *göttliches Wesen im Hinduismus, das mit dem Ursprung in Verbindung gebracht wird*
[3] Emanation: *das Hervorgehen aus dem Einen*

Michaels, Axel: Der Hinduismus. Geschichte und Gegenwart. München 1998. S. 326 f.

Aufgaben:

1. Machen Sie sich zu zweit Notizen über Ihre ersten Eindrücke vom Text. Markieren Sie Fragen mit einem »?«, Zustimmung oder Erkenntnisgewinn mit einem »!« und Widerspruch mit einem »Blitz«. Klären Sie ihre Eindrücke in der Gruppe oder im Plenum.
2. Vergleichen Sie diese hinduistische Vorstellung von der Entstehung der Welt mit dem Schöpfungsbericht aus Genesis 1.
3. Kann die hinduistische Vorstellung der Weltentstehung in Ṛg Veda X,129 etwas zum Dialog zwischen Religion und Naturwissenschaft beitragen?

INFO-BOX

Die Silbe OM
Heilige meditative Ursilbe im Hinduismus; Symbol für den Ursprung und die Einheit allen Seins, für das göttliche All-Eine (Brahman) ebenso wie für das individuelle Selbst (Atman). Im hinduistischen Bhagavad Gita stellt sich der Gott Krishna als Quelle allen Seins und so zugleich als das heilige OM vor (Kap. 9,17).

M 10 Die Evangelische Kirche in Deutschland (EKD): Die Irrwege des Kreationismus

»Kreationismus« ist eine Sammelbezeichnung für von Minderheiten im Christentum vertretene Auffassungen, die sich vehement gegen die Annahmen der Evolutionstheorie wenden. Ausgehend von der wörtlichen Inspiriertheit der biblischen Texte, verteidigt der Kreationismus die Irrtumslosigkeit der biblischen Schöpfungstexte. […]

Der Kreationismus stützt sich auf die ungeklärten Fragen der Evolutionstheorie und ist auf den Nachweis ihrer Ungereimtheiten bedacht. Dabei schreckt er auch vor Einwendungen nicht zurück, die eindeutig als unseriös bezeichnet werden müssen. […]

Man suchte [daher, den Kreationismus] so auszugestalten, dass er als wissenschaftsfähig erscheint und unter dem Vorzeichen eines weiterentwickelten Neo-Kreationismus in den USA bis in die schulischen und universitären Bildungs- und Lehrpläne hinein Eingang findet. Neokreationisten […meinen, es] gebe Phänomene, die sich nur auf übernatürliche Weise erklären ließen. Die Gesetzmäßigkeiten und Funktionszusammenhänge des Universums und des Lebens könnten nur durch eine Intelligenz als Ursache erklärt werden und nicht durch einen vom Zufall geleiteten Evolutionsprozess.

Die Annahme einer solchen Intelligenz führte zur Theorie des »intelligent design«. Hinter dieser Theorie lebt in gewisser Weise der so genannte teleologische Gottesbeweis wieder auf, nach welchem die kunstvolle Anlage der Natur nach einem zwecksetzenden, zielgerichtet gestaltenden göttlichen Architekten verlangt. Die Anhänger des »intelligent design« suchen nach Anzeichen für schöpferische Aktionen Gottes in den kreatürlichen Prozessen, deren Komplexitäten und Informationskonzepte nicht auf natürliche Weise erklärt werden könnten. Trotz des beträchtlichen wissenschaftlichen Aufwands müssen die Konzepte des »intelligent design« als pseudowissenschaftlich eingeschätzt werden; vor den Prüfkriterien strenger Wissenschaft können solche Hypothesenbildungen nicht bestehen.

Wie jede ernstzunehmende wissenschaftliche Hypothese muss natürlich auch die Evolutionstheorie der Kritik zugänglich bleiben. Viele ihrer Annahmen sind auch nach den Maßstäben der Biologie weniger gesichert, als es in populärwissenschaftlichen Darstellungen zum Ausdruck kommt. Die Evolutionstheorie ist freilich nicht dadurch widerlegt, dass man ihre offenen Stellen aufzeigt. Es gibt starke Argumente, die für sie sprechen. Als wissenschaftlicher Erklärungsversuch zur Entstehung des Lebens, der Arten und der Artenvielfalt besitzt sie die höchste Wahrscheinlichkeit und Erschließungskapazität. Angesichts des heutigen Wissens über die Geschichte der Natur erzeugt das Festhalten an der naturkundlichen Vorstellungswelt der biblischen Schöpfungsberichte mehr Ungereimtheiten als die Annahme, dass die uns bekannte Natur Ausdruck eines sich über Milliarden Jahre hinziehenden Entwicklungsprozesses ist. Ein solches Festhalten wird auch der Bibel selbst nicht gerecht.

Darüber hinaus muss klar gesagt werden: Gerade aus theologischen Gründen ist der Kreationismus abzulehnen. Er setzt sich über die bibelwissenschaftlichen und systematisch-theologischen Einsichten in die Entstehung, Ausformung und Bedeutung des biblischen Schöpfungszeugnisses hinweg und missachtet die geschichtlichen Kontexte seiner Entstehung. Damit bringt er sich um die Möglichkeit einer angemessenen Erschließung des biblischen Schöpfungszeugnisses.

Kirchenamt der Evangelischen Kirche in Deutschland (EKD) (Hg.): Weltentstehung, Evolutionstheorie und Schöpfungsglaube in der Schule. Eine Orientierungshilfe des Rates der Evangelischen Kirche in Deutschland. EKD Texte 94. Hannover 2008. S. 14–16

Übung zur Kompetenzsicherung

Anhand von Kompetenzsicherungsaufgaben soll festgestellt werden, ob bestimmte Kompetenzen im Laufe des Unterrichtes erworben wurden. Sie sind so angelegt, dass sie einerseits den Rückgriff auf erworbenes Wissen und Fertigkeiten ermöglichen, andererseits auf Anwendung und Transfer zielen. Bei der Bearbeitung der Aufgaben sollen Bearbeitungswege reflektiert werden und eigene Lösungswege entwickelt werden können. Kompetenzsicherungsaufgaben sollen einen Bezug zur Lebenswelt herstellen, welcher zur produktiven Auseinandersetzung herausfordert.
(Feindt, A./Wittmann, P. »Aufgabenwerkstatt RU: Kriterien und Beispiele zur Konstruktion kompetenzorientierter Aufgaben«. In: entwurf 4.2010, S. 28–31)

Aufgabe 1A:
Ordnen Sie die 10 Thesen unten jeweils einer von zwei fiktiven Informationsschriften zum Schöpfungsglauben zu: Eine Broschüre vertritt die Position des »intelligent design«, die andere ist von der Evangelischen Kirche in Deutschland (EKD) herausgegeben. Einige Aussagen aus der Liste passen allerdings in keine der beiden Schriften. Ignorieren Sie diese.

Thesen zum Schöpfungsglauben

1. Die Schöpfungsgeschichten der Bibel entsprechen nicht unserem naturwissenschaftlichen Wissen und sind daher bedeutungslos.
2. Alle biblischen Schöpfungsaussagen sind wortwörtlich zu verstehen.
3. Die komplexe Schönheit der Welt ist ein Beweis für die Existenz eines Schöpfers.
4. Die Evolutionstheorie bleibt möglicherweise lückenhaft, aber trotzdem insgesamt plausibel.
5. Die Vorstellungen der Bibel über die Natur und ihre Entstehung sind erstaunlich genau und wahrscheinlicher, als die Idee einer Entwicklung des Lebens über Milliarden von Jahren.
6. Die Schönheit der Natur kann keine religiöse Bedeutung haben.
7. Die Schöpfungsgeschichten der Bibel erklären uns die Entstehung der Welt und der Lebewesen.
8. Die Schöpfungsberichte der Bibel sind vor langer Zeit aufgeschrieben und spiegeln das Wissen ihrer Zeit wider, welches nicht mehr unseren Erkenntnissen über die Natur entspricht.
9. Es ist kaum denkbar, dass die Welt in sieben Tagen erschaffen wurde.
10. Naturwissenschaft und Glaube sind generell unvereinbar.

Aufgabe 1B:
Listen Sie kurz die Schritte der Textbearbeitung auf, die Ihrer Antwort vorausgegangen sind.

Aufgabe 2:
Im letzten Absatz behauptet der EKD-Text, der Kreationismus »setzt sich über die bibelwissenschaftlichen und systematisch-theologischen Einsichten in die Entstehung, Ausformung und Bedeutung des biblischen Schöpfungszeugnisses hinweg und missachtet die geschichtlichen Kontexte seiner Entstehung«. Erläutern Sie diese These anhand des ersten Schöpfungsberichtes (Gen 1,1–2,4a).

Aufgabe 3:
Ihre Freundin Svea lehnt den christlichen Glauben mit der Begründung ab, sie richte ihr Leben allein an nachweisbaren Fakten aus. Antworten Sie ihr in einem Brief. Illustrieren Sie Ihre Position mit konkreten Beispielen.

Lösungsvorschlag zur Selbstevaluation

Aufgabe 1A:
Die Thesen 1 und 6 werden von keiner der beiden Seiten vertreten.
These 10 wird nicht von der EKD vertreten, jedoch von bestimmten Vertretern des »intelligent design« (2 Lösungsmöglichkeiten: »weder - noch« oder »intelligent design«)

Informationen zum Schöpfungsglauben: »intelligent design«	Informationen der EKD zum Schöpfungsglauben
Thesen Nr.: 2, 3, 5, 7	Thesen Nr.: 4, 8, 9

Aufgabe 1B:
Überprüfen Sie Ihre Vorgehensweise mit Hilfe der Methodenbox »Lesen von Sachtexten« auf S. 5 dieses Heftes.

Aufgabe 2:
In Ihren Erläuterungen sollten anhand von Genesis 1 z. B. folgende Punkte thematisiert werden:
- Die Entstehung biblischer Texte, welche durch bestimmte historische Zusammenhänge und die Situation der Autoren bedingt ist (Vgl. z. B. Baustein 4, M 6 + M 10)
- Das Wesen biblischer Texte als Glaubenszeugnisse, nicht als naturwissenschaftliche Berichte (Vgl. Texte zum Wesen wissenschaftlicher Aussagen und zum Wesen des Glaubens, z. B. Baustein 1, M 4 + M 5/Baustein 2, M 7/Baustein 4, M 6)
- Das Modell der Kompetenzunterscheidung (z. B. Baustein 3, M 9)
- Konkret die zentralen biblischen Aussagen von Genesis 1, welche nicht auf eine wissenschaftliche Erklärung der Weltentstehung, sondern auf die Menschen und ihr Leben abzielen (Vgl. z. B. Baustein 4, M 6 + 7)

Aufgabe 3:
Individuelle Lösungen. Sie sollten z. B. folgende Punkte beachten:
- Formale Elemente eines Briefes (z. B. Anrede, Sprachstil, ...)
- Diskussion der Frage, was der Begriff »nachweisbare Fakten« überhaupt bedeutet (Vgl. z. B. Baustein 1, M 4–M 6)
- Diskussion der Frage, inwieweit die Realität und das Leben über das hinausgehen, was als wissenschaftlich beweisbar gilt (Vgl. z. B. Baustein 2, M 1 + M 2)
- Diskussion der Frage, inwieweit auch Positionen des Glaubens sich an Erfahrungen des Lebens ausrichten und aus ihnen heraus begründet werden können (Vgl. z. B. Baustein 3, M 8 + M 10)

Allgemein:
- Strukturieren Sie Ihre Antworten sinnvoll und übersichtlich und achten Sie auf Textkohärenz.
- Formulieren Sie präzise und nutzen Sie die entsprechende Fachterminologie.
- Achten Sie bei Zitaten auf formale Richtigkeit, die Einbindung in den Satz und die genauen Quellenangaben (z. B. Angabe von Zeilennummern).
- Kontrollieren Sie auch Rechtschreibung und Grammatik.

Wenn Sie weiterlesen möchten ...

Michael Penzold

Wirtschaftsethik

Themenheft für den evangelischen Religionsunterricht in der Oberstufe

Fragen über gerechtes Wirtschaften und ethisch richtiges Handeln sind spätestens seit der Finanzkrise 2007/08 allgegenwärtig. Der Religionsunterricht hat die Aufgabe, die Schülerinnen und Schülerinnen bei einer eigenen ethischen Urteilsfindung zu unterstützen. Somit werden in diesem Themenheft die wichtigsten Inhalte vermittelt, die dies ermöglichen. Sie setzen sich dabei mit folgenden Fragen auseinander: Wie passen Wirtschaft und Ethik zusammen? Welche Bedeutung hat Geld? Wie handeln Unternehmer? Wie kann Armut entgegengewirkt werden? Ergänzt werden diese Informationen durch Arbeitsaufträge zu den einzelnen Materialien und Hinweise zum Kompetenzerwerb.

Holger Zeigan

Die Bibel: Entstehung – Wirkung – Botschaft

Themenheft für den evangelischen Religionsunterricht in der Oberstufe

Grundlegendes Wissen zur Entstehung der Bibel und ihrer Botschaft: Wie ist die Bibel entstanden? Welchen Stellenwert hat sie? Welche Bedeutung kann ihr in der Zukunft zukommen? Diesem Fragenkomplex gehen SchülerInnen der Sek II auf den Grund.

Oliver Arnhold / Hartmut Lenhard

Kirche

Themenheft für den evangelischen Religionsunterricht in der Oberstufe

Mit diesem Themenheft lernen Schülerinnen und Schüler, unterschiedliche Erfahrungen mit der Kirche (Institution, Raum, Personen, Ereignisse) zur Sprache zu bringen und auf dem Hintergrund der Vorstellung von Kirche als Gemeinschaft der Glaubenden zu reflektieren.

Silke Hagemann / Marion Keuchen

Jesus Christus

Themenheft für den evangelischen Religionsunterricht in der Oberstufe

Die Geburtsgeschichte Jesu ist in den Köpfen der meisten Lernenden verankert. Wer aber war Jesus von Nazareth? Und wer ist Jesus Christus? Das Material widmet sich hierzu den folgenden Inhalten: *Unterscheidung von „historischen" und „legendenhaften" Elementen, außerbiblische Quellen, religiöser und kultureller Kontext, Hoheitstitel, Wunder und Gleichnisse* sowie *die Passion Jesu*. Die Schüler begreifen Jesus damit als rückblickend ausgebaute Kunstfigur mit einer substantiellen, zeitlosen Heilsbotschaft. Ergänzt werden die Materialien durch Arbeitsaufträge und Hinweise zum Kompetenzerwerb.